***ACCESO GRATIS** a la Lectura en la Nube*

Para visualizar el libro electrónico en la nube de lectura envíe junto a su nombre y apellidos una fotografía del código de barras situado en la contraportada del libro y otra del ticket de compra a la dirección:

ebooktirant@tirant.com

En un máximo de 72 horas laborales le enviaremos el código de acceso con sus instrucciones.

La visualización del libro en **NUBE DE LECTURA** excluye los usos bibliotecarios y públicos que puedan poner el archivo electrónico a disposición de una comunidad de lectores. Se permite tan solo un uso individual y privado

DIVORCIO SIN CAUSA. UNA VISIÓN PRÁCTICA

DIVORCIO SIN CAUSA. UNA VISIÓN PRÁCTICA

2ª Edición

MIGUEL ÁNGEL LICEAGA GALVÁN

Licenciado en Derecho (Universidad Panamericana)
Maestro en Derecho Privado (Universidad Marista)
Maestro en Ciencias Jurídicas (Universidad Panamericana)
Doctor en Derecho (Universidad Marista) y
Doctor en Derecho (Universidad Panamericana)

tirant lo blanch

Ciudad de México, 2024

© EDITA: TIRANT LO BLANCH
DISTRIBUYE: TIRANT LO BLANCH MÉXICO
Av. Tamaulipas 150, Oficina 502
Hipódromo, Cuauhtémoc, 06100 Ciudad de México
Telf: +52 1 55 65502317
infomex@tirant.com
www.tirant.com/mex/
www.tirant.es
ISBN: 978-84-1169-258-8
MAQUETA: Tink Factoría de Color

Si tiene alguna queja o sugerencia, envíenos un mail a: *atencioncliente@tirant.com*. En caso de no ser atendida su sugerencia, por favor, lea en *www.tirant.net/index.php/empresa/politicas-de-empresa* nuestro procedimiento de quejas.

Responsabilidad Social Corporativa: http://www.tirant.net/Docs/RSCTirant.pdf

Resumen/abstract

Análisis de casos relacionados con la disolución del matrimonio, antes y después de la reforma legislativa que terminó con las distintas causales de divorcio y los tipos de separación existentes en derecho mexicano, tratando de poner en relieve las diferencias que genera la aplicación de distintos métodos de interpretación de la norma, desde los más formalistas y positivistas hasta los que dan una cierta libertad al juzgador a través del principalismo jurídico y la ponderación jurídica, a través de la cual obtengo conclusiones de aplicación en casos semejantes que puedan darse en el futuro.

Palabras clave:

Matrimonio
Divorcio
Bienes
Unilateral
Incausado
Proceso
Procedimiento
Alimentos
Guarda
Custodia

Legislación relacionada:

Constitución Política de los Estados Unidos Mexicanos
Código Civil para el Distrito Federal
Código de Procedimientos Civiles para el Distrito Federal
Código Civil para el Estado de México
Código de Procedimeintos Civiles para el Estado de México
Reglamento del Registro Civil para el Distrito Federal
Reglamento interior del registro Civil para el Estado de México

Criterios jurisprudenciales:

Época: Décima Época
Registro: 2012732
Instancia: Plenos de Circuito
Tipo de Tesis: Jurisprudencia
Fuente: Gaceta del Semanario Judicial de la Federación
Libro 35, Octubre de 2016, Tomo III
Materia(s): Civil
Tesis: PC.I.IC. J/34 C (10ª)
Página: 239

RECONVENCIÓN. ES IMPROCEDENTE EN EL PROCEDIMIENTO DE DIVORCIO SIN EXPRESIÓN DE CAUSA

Sumario

I. Introducción

Una de las más importantes potencias básicas del ser humano en el ejercicio de sus derechos privados, es la necesidad de establecer reglas y mecanismos para vivir en pareja y eventualmente formar una familia.

De acuerdo con Aristóteles, citado por Hervada,[1] en el derecho político, una parte es natural, y la otra es legal. Es natural, lo que, en todas partes tiene la misma fuerza y no depende de las diversas opiniones de los hombres; es legal todo lo que, en principio, puede ser indiferentemente de tal modo o del modo contrario, pero que cesa de ser indiferente desde que la ley lo ha resuelto.

La observación anterior, lárgamente citada y reproducida es interesante a varios niveles. Tanto como una premisa obligatoria para entender el secular enfrentamiento entre el derecho natural y el derecho positivo, hasta una herramienta de algún modo necesaria para comprender el objetivo último de la familia, como institución, como base de la sociedad y como principio jurídico.

Me explico. La posición del estagirita es clara en cuanto a que la división entre derecho público en efecto existe y se debe a distintas realidades jurídicas en las que nos desenvolvemos los sujetos de derecho. Las personas.

Así las cosas, en derecho público, el principio de legalidad reza, *todo aquello que no esté expresamente permitido por la norma debe de tenerse como prohibido*. Es decir, en las materias que integran el derecho público, como lo son el Constitucional, el Penal, el Procesal o el Administrativo, es necesario aplicar la ley conforme a su letra de la manera más estricta posible.

A diferencia del derecho privado, que reglamenta relaciones entre particulares y en donde el principio aplicable es aquel que señala que *todo aquello que no esté expresamente prohibido por la norma debe de tenerse como permitido*.

---

1 Hervada, Javier, *Historia de la ciencia del derecho natural*, 2a. ed., Pamplona, Ediciones Universidad de Navarra SA, 1991, pág. 17.

Traducido lo anterior al pensamiento aristotélico, resulta claro que es la norma de derecho público la que requiere de ver concluida su indiferencia y es necesario reglarla de un modo o de otro pero no así el derecho privado toda vez que los particulares nos regulamos de la forma y en los términos que consideramos más convenientes para nuestro desarrollo humano y jurídico.

La norma positiva ha entendido lo anterior y en consecuencia lo permite. Es más, lo ordena. De tal suerte que todos los derechos de corte privado regulados por la norma positiva son disponibles excepto cuando la misma norma positiva prohibe de manera expresa esa disposición.

Los casos de prohibición son, cuando se afectan derechos de terceros, normas prohibitivas y el orden público de acuerdo con lo dispuesto por los artículos 6 y 8 del Código Civil para el Distrito Federal (hoy Ciudad de México).[2]

El Diccionario Jurídico Mexicano del Instituto de Investigaciones Jurídicas de la Universidad Nacional Autónoma de México[3] define al *orden público*, como *conjunto de instituciones jurídicas que identifican o distinguen el derecho de una comunidad; principios normas e instituciones que no pueden ser alteradas ni por la vdoluntad de los individuos ni por la aplicación del derecho extranjero.*

De manera sencilla, es la misma norma jurídica la que define cuales son las normas de orden público y en consecuencia, como lo señala la definición anterior, que reconoce derechos de carácter indisponible.

Para el caso de la Ciudad de México, el Código Civil para el Distrito Federal establece con claridad en su artículo 138 *ter* que las normas de derecho de familia son de orden e interés público[4] y en consecuencia de aplicación obligatoria como si de derecho público se tratase.

---

2 Cruz Barney Oscar y Pérez Cuellar Martínez Alfonso. (compilador.), *Colección jurídica básica, legislación del Distrito Federal*, t. III: *Código Civil para el Distrito Federal*, México D.F. (Hoy Ciudad de México), Tirant lo blanch, 2014, págs. 6-7.

3 Tamayo y Salmorán Rolando, Voz *Orden público*, *Diccionario jurídico mexicano*, 14a. ed., México, Porrúa-UNAM, Instituto de Investigaciones Jurídicas, 2000, t. III, págs. 2279-2281.

4 Cruz Baney Oscar y Pérez Cuellar Martínez Alfonso, *op. cit.* Nota 2, pág. 32.

El matrimonio es una institución en consecuencia de orden e interés público, a pesar de referirse a relaciones entre particulares, de la cual, hasta no hace tanto tiempo, la misma norma buscaba y reforzaba su existencia.

Como acto jurídico especializado en materia de familia su formación era *y es* de tal forma compleja que su disolución se antojaba de igual forma compleja y atendiendo tan solo a razones excepcionales y bajo las mismas condiciones establecidas por la ley.

Ya no. El derecho ha evolucionado y la materia familiar es una de las más dinámicas a nivel mundial. Las nuevas tendencias normativo positivistas de filosofía del derecho establecen formas que al amparo del pacto social encuentran cabida dejando de lado la anteriormente dominante naturaleza de las cosas.

Ejemplo de lo anterior, lo es la voluntad anticipada, el matrimonio y adopción homosexual y por supuesto, el divorcio sin causa.

Entonces lo que antes era dificil hoy se vuelve fácil. La complejidad anteriormente existente para disolver un vínculo matrimonial basado filosóficamente en la necesidad de la conservación de la familia formalizada se reduce hoy día a considerar que el matrimonio ha dejado de ser una institución estable para parecerse más a un noviazgo o concubinato formalizado que puede darse por concluido en el momento en que cualquiera de las partes quiera hacerlo.

Vicente Fernández[5] señala no sin un dejo de razón que siendo el matrimonio un acuerdo de voluntades, no debería de existir motivo para no poder disolverlo a través de otro acuerdo de voluntades.

Lo anterior me parece inexacto ya que en primer lugar, el único acuerdo de voluntades que existe al momento de celebrar un matrimonio, es el de querer celebrarlo. Por lo demás, todas y cada una de las consecuencias del acto están regladas por la norma en tanto institución de orden público.

Además la afirmación del Doctor Fernández en el sentido de que también se disuelve dicha institución por otro acuerdo de voluntades,

---

5 Fernández Fernández Vicente, "Divorcio por voluntad unilateral: Estudio comparado en México y Latinoamérica", en Rabasa Gamboa, Emilio (coordinador.), *Nuevas figuras jurídicas en el derecho mexicano*, México, Porrúa, 2011, pág. 37.

me parece incorrecta ya que basta con que una de las partes quiera dar por terminado el vínculo matrimonial para que asi suceda por lo que la expresión *divorcio unilateral* me parece mucho más afortunada que la de *divorcio incausado*.

II. Código Civil para el Distrito Federal

El derecho civil ha sufrido significativas modificaciones producto de la ideología triunfante al final de la Revolución Mexicana, como se puede recuperar de los siguientes párrafos copiados de la *exposición de motivos del Código Civil*[6]

> Las revoluciones sociales del presente siglo han provocado una revisión completa de los principios básicos de la organización social y han echado por tierra dogmas tradicionales consagrados por el respeto secular.
>
> La profunda transformación que los pueblos han experimentado a consecuencia de su desarrollo económico, de la preponderancia que ha adquirido el movimiento sindicalista, del crecimiento de las grandes urbes, de la generalización del espíritu democrático, de los nuevos descubrimientos científicos realizados y de la tendencia cooperativa cada vez mas acentuada, han producido una crisis en todas las disciplinas sociales, y el derecho, que es un fenómeno social, no puede dejar de sufrir la influencia de esa crisis.
>
> El cambio de las condiciones sociales de la vida moderna impone la necesidad de renovar la legislación y el derecho civil que forma parte de ella, no puede permanecer ajeno al colosal movimiento de transformación que las sociedades experimentan.
>
> Nuestro actual Código civil (el de 1884) producto de las necesidades económicas y jurídicas de otras épocas; elaborado cuando dominaba en el campo económico la pequeña industria y en el orden jurídico un exagerado individualismo, se ha vuelto incapaz de regir las nuevas necesidades sentidas y las relaciones que, aunque de carácter privado, se hallan fuertemente influenciadas por las diarias conquistas de la gran industria y por los progresivos triunfos del principio de solidaridad.
>
> Es completamente infundada la opinión de quienes sostienen que el derecho civil debe ocuparse exclusivamente de las relaciones entre particulares que no afecten directamente a la sociedad y que, por tanto, dichas relaciones deban ser reguladas únicamente en interés de quienes las contraen. Son poquísimas las relaciones entre particulares que no tienen repercusión en el interés social, y que, por lo mismo, al reglamentarlas no deba de tomarse en cuenta ese interés. Al individuo, sea que obre en interés propio o como miembro de la sociedad y en interés común, no puede dejar de considerársele como miembro de la colectividad; sus relaciones jurídicas deben reglamentarse armónicamente y el derecho de ninguna manera puede prescindir esa fase social.

---

6 *Código Civil Para el Distrito Federal* Porrúa, 64 Edición, México 1995 págs 7 a 40.

La necesidad de cuidar la mejor distribución de la riqueza; la protección que merecen los débiles y los ignorantes en sus relaciones con los fuertes y los ilustrados; la desenfrenada competencia originada por la introducción del maquinismo y el gigantesco desarrollo de la gran industria que directamente afecta a la clase obrera, han hecho indispensable que el Estado intervenga para regular las relaciones jurídico económicas, relegando a un segundo término a no ha mucho triunfante principio de que la "voluntad de las partes es suprema ley de los contratos".[7]

"Es preciso socializar el derecho porque como dice un publicista: "Una socialización del derecho será un coeficiente indispensable de la socialización de todas las otras actividades, en oposición con el individuo egoísta, haciendo nacer así un tipo de hombre mas elevado: el hombre social".

"Socializar el derecho significa extender la esfera del derecho del rico al pobre, del propietario al trabajador, del industrial al asalariado, del hombre a la mujer, sin ninguna restricción ni exclusivismo. Pero es preciso que el derecho no constituya un privilegio o un medio de dominación de una clase sobre otra".[8]

Las anteriores consideraciones normaron la conducta de la comisión y por eso fue que no tuvo reparo en inspirarse en legislaciones extranjeras en aquellos puntos en que era deficiente la legislación patria, y tomar en cuenta las teorías de reputados tratadistas europeos para proponer algunas reformas. Esto sin descuidar nuestros propios problemas y necesidades y, sobre todo, procurando que enraizaran en el Código civil los anhelos de emancipación económica de las clases populares que alentó nuestra última revolución social y que cristalizaron en los artículos 27, 28 y 123 de la Constitución Federal de 1917.

El pensamiento capital que informa el proyecto puede expresarse brevemente en los siguientes términos:

Armonizar los intereses individuales con los sociales, corrigiendo el exceso de individualismo que impera en el Código Civil de 1884.

He aquí algunas de las principales reformas que contiene el proyecto:

LIBRO PRIMERO. *De las personas*

El Código civil rige en el Distrito y territorios Federales; pero sus disposiciones obligan a todos los habitantes de la República cuando se aplican como supletorias las leyes federales en los casos en que la Federación fuere parte y cuando expresamente lo manda la ley. En esos casos, las disposiciones del Código civil no tienen carácter local, con toda propiedad puede decirse que están incorporadas, que forman parte de una ley federal y, por lo mismo son obligatorias en toda la República".[9]

---

7 *Ibidem,* pág. 9.

8 *Idem.*

9 *Ibidem* pág. 11.

"Se equiparó la capacidad jurídica del hombre y la mujer, estableciéndose que ésta no queda sometida por razón de su sexo, a restricción alguna en la adquisición y ejercicio de sus derechos".[10]

"Se dio a la clase desvalida o ignorante una protección efectiva, modificándose las disposiciones inspiradas en los clásicos perjuicios de igualdad ante la ley y que la voluntad de las partes es suprema ley de los contratos, pues se comprendió que no todos los hombres, tan desigualmente dotados por la naturaleza y tan diferentemente tratados por la sociedad, en atención a su riqueza, cultura, etc. Pueden ser regidos invariablemente por la misma ley, y por eso se dispuso que cuando alguno, explotando la suma ignorancia, notoria inexperiencia o extrema miseria del otro, obtiene un lucro excesivo que sea además desproporcionado con lo que su parte se obliga, el perjudicado tiene derecho de pedir la rescisión del contrato, y cuando esto no sea posible, la reducción equitativa de su obligación durando este derecho un año.

El derecho de que se reduzca la obligación solo se tiene cuando no es posible la rescisión porque se deseó disminuir los casos de aplicación del arbitrio judicial, y se limita a un año el plazo para el ejercicio de las acciones con el objeto de evitar los peligros que el abuso de este derecho puede ocasionar quebrantando la estabilidad de las transacciones".[11]

"LIBRO SEGUNDO. *De los bienes*...

...Al tratar de la propiedad se separa la comisión de la tendencia individualista que campeaba en el derecho romano, en la legislación napoleónica y en gran parte de nuestro Código civil (el de 1884), y aceptó la teoría progresista que considera el derecho de propiedad como el medio del cumplir una verdadera función social. Por tanto, no se consideró la propiedad como un derecho individual del propietario, sino como un derecho mutable que debe modelarse sobre las necesidades sociales a las cuales está llamado a respetar preferentemente. A este efecto y de acuerdo con los preceptos constitucionales relativos se impusieron algunas modalidades a la propiedad, tendientes a que no quedara al arbitrio del propietario dejar improductiva su propiedad, y a que no usara su derecho con perjuicio de tercero o con detrimento de los intereses generales".[12]

"LIBRO TERCERO. *De las sucesiones*

Por lo que se refiere a la sucesión por testamento, se ordenó que cuando el testador disponía de sus bienes a favor de personas que no fueran sus herederos legítimos, tenía obligación de dejar a la Beneficencia Pública (*sic*) el veinte por ciento de sus bienes. Cree la comisión que el derecho

---

10 *Idem*.

11 *Ibidem* pág. 14.

12 *Ibidem* pág. 19.

de propiedad sobre los bienes no producidos por el esfuerzo del testador debería concluir con su muerte, y si no se introducen reformas más severas es debido al criterio constitucional que garantiza la libre disposición de la propiedad y porque no desea privar de un estímulo para la producción y premio a la laboriosidad e inteligencia; mas no por eso debe reconocérsele el derecho absoluto de disposición, y es conveniente que cuando no destina sus bienes a cumplir los deberes que le impone la naturaleza, una parte de ellos vuelva a la comunidad de donde fueron extraídos".[13]

"LIBRO CUARTO. *De las obligaciones.*

Principia desarrollando una teoría general de las obligaciones a diferencia del Código de 84, que hace del convenio la fuente casi única de las obligaciones.

En esta materia era conveniente no dejar fuera de la ley formas de obligarse que el progreso científico ha creado, porque a medida que la sociedad avanza, las relaciones de sus miembros se multiplican, se unen más estrechamente sus intereses y nacen relaciones jurídicas que no toman su origen del acuerdo de voluntades, sino que para garantía de los intereses colectivos se imponen aún contra la voluntad o se exigen sin que ésta se haya expresado todavía. Formas que el código anterior no comprendía y que los códigos civiles modernos y connotados publicistas han definitivamente aceptado".[14]

"... la doctrina orientadora de este libro substituye el principio fundamental de la autonomía de la persona para obligarse y disponer de sus bienes como mejor le parezca por una norma menos metafísica e individualista, cual es la sujeción de la actividad humana a los imperativos ineludibles de interdependencia y solidaridad social creados por la división del trabajo y comunidad de necesidad..."

"Tratándose de la nulidad de las obligaciones, se estableció una doctrina más clara y fundada. Como principio básico se sostiene que sólo la ley puede establecer nulidades, y éstas se dividen en absolutas y relativas, resultando las primeras de los actos ejecutados contra el tenor de las leyes prohibitivas o de interés público. A la segunda categoría pertenecen todas las demás. Las nulidades absolutas pueden ser declaradas de oficio por el juez, debe alegarlas el Ministerio Público y no son susceptibles de ser confirmadas por la voluntad de las partes o invalidadas por la prescripción. Las nulidades relativas solo pueden alegarlas las personas a cuyo favor han sido establecidas y pueden desaparecer por la confirmación. Las relaciones jurídicas absolutamente nulas, no producen efectos ni antes ni después de la declaración de nulidad; en tanto que las afectadas de nulidad relativa producen efectos jurídicos mientras que judicialmente no se declara su nulidad".[15]

---

13 *Ibidem*, pág. 25.
14 *Ibidem*, pág. 28.
15 *Ibidem* pág. 29.

En realidad, estos "motivos expuestos" transcritos, y muchos más, a pesar de estar señalados en el texto original que aludimos, son falsos. No existe una fundamentación legal en todo el texto del Código original de 1928 que sustente la gran mayoría de los dichos en el documento de mérito. No existe un artículo que obliga al juzgador a suavizar la aplicación de la ley en el pobre e ignorante, ni disposición que obligue al testador a heredar el veinte por ciento de su fortuna a la Beneficencia Pública, por lo que hacemos nuestra la opinión expresada en cátedra del maestro Fausto Rico Álvarez, de que es posible que la exposición que analizamos es una exposición que se refería a un código distinto al que finalmente entró en vigor en 1932.

El 29 de diciembre de 1914 se promulgó la *Ley del divorcio* que autorizaba el divorcio desvinculatorio, y el 9 de abril de 1917 lo fue la *Ley de Relaciones Familiares,* que sustituyó todo el libro de derecho de familia del *Código Civil*[16]

Los principios rectores de la nueva Constitución Política de 1917 hicieron necesaria la revisión del Código Civil.

El Código Civil de 1928 es elaborado por una comisión redactora integrada por los abogados Ángel García Peña, Ignacio García Téllez, Fernando Moreno y Francisco H. Ruiz. Se promulgó el 30 de agosto de 1928 con el título de *Código Civil* para el Distrito y Territorios federales en Materia Común y para toda la República en Materia Federal.[17] Se publicó en el Diario Oficial del 26 de mayo, 14 de julio, 3 y 31 de agosto de 1928. La fe de erratas apareció el 13 de junio y 21 de diciembre siguientes.

Como he señalado, las fuentes de este Código Civil fueron más variadas que de los anteriores, aunque gran parte vino de ellas.

Las grandes aportaciones, como dicen Rico Álvarez y Garza Bandala[18]-vinieron del Código civil alemán y de las legislaciones que lo siguieron tales como el Código civil suizo y el Código civil brasileño.

---

16 Cruz Barney, *op. cit.,* nota 2, pág. 714.

17 Código Civil para el Distrito y Territorios Federales en Materia Común y para toda la República en materia Federal, México, Talleres gráficos de la Nación, 1928.

18 Rico Álvarez Fausto y Patricio Garza Bandala, *Teoría General de las Obligaciones* 3ª. ed. México, Porrúa, 2007. Pág. 18.

La problemática clara de estas incorporaciones fue que se hicieron inclusiones de manera ligera sin adecuar esto a todo el contexto que rodea el Código.

Como ejemplo claro de estas incoherencias está la Teoría de las Obligaciones. La idea de una teoría general es suiza, pero lo que hace el legislador mexicano es tomar su esquema y llenarlo de disposiciones de corte francés. Si esto no fuera suficiente, olvidó (igual que el legislador de 2000) modificar la parte relativa a contratos generando con esto una serie de contradicciones por provenir ambas partes del Código de fuentes o esquemas diversos.

De acuerdo con su artículo primero transitorio, la entrada en vigor de este Código sería fijada por el Ejecutivo y por decreto del 29 de agosto de 1932, se estableció que entraría en vigor El 1° septiembre de ese año.[19]

Resulta interesante entender este proceso de creación legislativa, ya que, como lo hemos señalado con anterioridad, la formación positiva del Código civil de 1928 estuvo a cargo del poder legislativo, circunstancia que desde un punto de vista jurídico no deja de llamar la atención porque siendo uno de los tres poderes de la Unión, su actuación se encuentra enmarcada en términos de la Constitución General de la República, es decir; su formación obedece a Derecho Público.[20]

El Derecho Público por sus características, como lo señala Mario de la Cueva,[21] es un derecho imperativo, soberano, genera derechos irrenunciables y es de aplicación estricta.

En el anterior sentido, la formación del Código Civil de 1928 debió de quedar sustentada por la ley aplicable al proceso creador de leyes, es decir, el derecho Constitucional, desde el mencionado *pacto federal*[22] consagrado en el artículo 124 de la Constitución Política de los Estados Unidos Mexicanos, que señala que "todo aquello que no

---

19 Cruz Barney, *op. cit.*, nota 2, pág. 715.

20 De la Cueva, Mario, *Teoría de la Constitución*, Porrúa, México 1982. Pág. 7.

21 *Ibidem*. pág. 28.

22 Carpizo, Jorge, "Estado Federal" *DICCIONARIO JURÍDICO MEXICANO*, t. II D-H, México, Porrúa-UNAM, Instituto de Investigaciones Jurídicas, 2000, pág. 1334-1337.

esté expresamente atribuido a la federación, se atribuye a las entidades federativas"[23]

Ahora bien, a la fecha de formación del Código Civil que nos ocupa en el presente capítulo, en el Distrito Federal, no existía una autoridad legislativa local que pudiera encargarse del proceso legislativo de creación y discusión de normatividades locales.

Este país, en tanto República Federal, se constituyó para la época de análisis, en 31 Estados Libres y Soberanos y un Distrito Federal, en términos de lo dispuesto por los artículos 43 y 44 de la Constitución Política de los Estados Unidos Mexicanos.

Jaime Cárdenas[24] señala que el Distrito Federal, siendo parte de la Federación, no constituye un Estado. El autor mencionado dice que se ha debatido mucho sobre la naturaleza de ésta entidad y al respecto existen fuerzas políticas que proponen que el Distrito Federal termine siendo un Estado más, y otras que optan por fórmulas más ambiciosas, como la de considerar su actual territorio y parte del espacio de estados vecinos como una zona metropolitana, con una nueva definición jurídica.

Sobre el Distrito Federal se han dado discusiones memorables en el ámbito constitucional. Desde un principio, en 1824, se pensó que Celaya o Querétaro podrían servir como capital federal[25] y en diversos debates que se suscitaron en 1930, se consideró que la Ciudad de México era patrimonio común de la Nación mexicana por lo que el Estado de México no podría reclamar como propia esa ciudad. En el Constituyente de 1856-1857 volvió a proponerse que el Distrito Federal se mudara de la ciudad de México para evitar el centralismo político[26] que ha padecido nuestro país, y en el Constituyente de 1917, el propio Venustiano Carranza estimó cambiar la sede del Distrito Federal.[27]

---

23 Carbonell, Miguel, *CONSTITUCIÓN POLÍTICA DE LOS ESTADOS UNIDOS MEXICANOS*, México, Porrúa, 2013, pág. 214.

24 Cárdenas, Jaime *et al, Para entender la Constitución Política de los Estados Unidos Mexicanos* México, Nostra Ediciones, 2007, págs. 180 y 181.

25 *Idem.*

26 *Idem.*

27 *Idem.*

En 1928 se suprimió el régimen municipal que desde la colonia se había mantenido en el territorio del Distrito Federal.[28] Sucesivas reformas se han vuelto a ocupar de este territorio, a las que se les conoce genéricamente como "La Reforma del Estado", y que en adelante tan solo señalaré de esta forma.

La última, del año de 1996, permitió que se pudiera elegir, desde 1997, por voto directo al jefe de Gobierno de la ciudad y, desde el año 2000 a los dieciséis delegados de la entidad, además de conferir atribuciones importantes a cada uno de sus órganos de gobierno.[29]

La materia objeto de la legislación resultante en el Código de 1928, es decir; el Derecho Civil; al parecer no resultaba una materia que el Congreso pudiera conocer en un proceso legislativo[30] ya que sus facultades se encontraban —y se encuentran— dadas por lo dispuesto por el artículo 73 Constitucional,[31] mismo que en su texto original a la letra establecía:

> ARTÍCULO 73. El Congreso tiene facultad:
>
> I. Para admitir nuevos Estados o Territorios a la Unión Federal;
>
> II. Para erigir los territorios en Estados cuando tengan una población de ochenta mil habitantes, y los elementos necesarios para proveer a su existencia política.
>
> III. Para formar nuevos Estados dentro de los límites de los existentes, siendo necesario al efecto: 1º Que la fracción o fracciones que pidan erigirse en estados, cuenten con una población de ciento veinte mil habitantes, por lo menos.
>
> 2º. Que se compruebe ante el Congreso que tienen los elementos bastantes para proveer a su existencia política.
>
> 3º Que sean oídas las legislaturas de los estados de cuyo territorio se trate, sobre la conveniencia o inconveniencia de la erección del nuevo estado, quedando obligadas a dar su informe dentro de seis meses, contados desde el día en que se les remita la comunicación respectiva.
>
> 4º Que igualmente se oiga al Ejecutivo de la Federación, el cual enviara su informe dentro de siete días contados desde la fecha en que le sea pedido.
>
> 5º. Que sea votada la erección del nuevo estado por dos terceras partes de los diputados y senadores presentes en sus respectivas cámaras.

---

28 *Idem.*

29 *Idem.*

30 Tena Ramírez, *Leyes Fundamentales de México 1808-2005*, 24ª. ed. México, Porrúa 2005, págs. 845-907.

31 Carbonell, Miguel, *op. cit.*, nota 23. págs. 107-116.

6°. Que la resolución del Congreso sea ratificada por la mayoría de las Legislaturas de los Estados, previo examen de la copia del expediente, siempre que hayan dado su consentimiento las Legislaturas de los Estados de cuyo Territorio se trate.

7° Si las Legislaturas de los Estados de cuyo Territorio se trate no hubieren dado su consentimiento, la ratificación de que habla la fracción anterior, deberá ser hecha por las dos terceras partes del total de Legislaturas de los demás Estados.

IV. Para arreglar definitivamente los límites de los Estados, terminando las diferencias que entre ellos se susciten sobre las demarcaciones de sus respectivos territorios, menos cuando estas diferencias tengan un carácter contencioso;

V. Para cambiar la residencia de los Supremos Poderes de la Federación;

VI. Para legislar en todo lo relativo al Distrito Federal y Territorios, debiendo someterse a las bases siguientes:

1ª. El Distrito Federal y los Territorios se dividirán en Municipalidades que tendrán la extensión territorial y número de habitantes suficientes para poder subsistir con sus propios recursos y contribuir a los gastos comunes

2ª. Cada Municipalidad estará a cargo de un Ayuntamiento de elección popular y directa.

3ª. El Gobierno del Distrito Federal y los de los Territorios, estarán a cargo de Gobernadores que dependerán directamente del Presidente de la República. El Gobernador del Distrito Federal acordará con el Presidente de la República y los de los Territorios, por el conducto que determine la Ley. Tanto el Gobernador del Distrito Federal como el de cada territorio, serán nombrados y removidos libremente por el Presidente de la República.

4ª. Los Magistrados y los Jueces de primera instancia del Distrito Federal y los de los territorios serán nombrados por el Congreso de la unión que se erigirá en Colegio Electoral en cada caso.

En las faltas absolutas o temporales de los Magistrados, se substituirán estos por nombramiento del Congreso de la Unión y en sus recesos por nombramientos provisionales de la Comisión Permanente. La Ley Orgánica determinará la manera de suplir a los jueces en sus faltas temporales y designará la autoridad ante las que les exigirán las responsabilidades en que incurran salvo lo dispuesto por esta mismas Constitución respecto a las responsabilidades de los funcionarios.

A partir del año de 1923, los Magistrados y los Jueces a que se refiere este inciso solo podrán ser removidos de sus cargos, si observan mala conducta y previo el juicio de responsabilidad respectivo, a menos que sean promovidos a empleo de grado superior. A partir de la misma fecha, la remuneración que dichos funcionarios perciban, no podrá ser disminuida durante su encargo.

5ª. El Ministerio Público en el Distrito Federal y en los Territorios estará a cargo de un Procurador General que residirá en la Ciudad de México y del número de agentes que determine la Ley, dependiendo dicho funcionario directamente del Presidente de la República quien lo nombrará y removerá libremente.

"VII. Para imponer las contribuciones necesarias a cubrir el presupuesto;

VIII. Para dar bases sobre las cuales el ejecutivo pueda celebrar empréstitos sobre el crédito de la nación, para aprobar esos mismos empréstitos y para reconocer y mandar pagar la deuda nacional. IX. Para impedir que en el comercio de Estado a Estado se establezcan restricciones;

X. Para legislar en toda la Republica sobre Minería, Comercio, Instituciones de Crédito; para establecer el Banco de Emisión Único, en los términos del artículo 28 de esta Constitución. XI. Para crear y suprimir empleos públicos de la Federación y señalar, aumentar o disminuir sus dotaciones;

XII. Para declarar la guerra, en vista de los datos que le presente el Ejecutivo;

XIII. Para reglamentar el modo como deban expedirse las patentes de corso; para dictar leyes según las cuales deben declararse buenas o malas las presas de mar y tierra, y para expedir leyes relativas al derecho marítimo de paz y guerra;

XIV. Para levantar y sostener al Ejército y la Armada de la Unión, y para reglamentar su organización y servicio;

XV. Para dar reglamentos con objeto de organizar, armar y disciplinar la Guardia Nacional, reservándose a los ciudadanos que la formen el nombramiento respectivo de jefes y oficiales, y a los Estados la facultad de instruirla conforme a la disciplina prescrita por dichos reglamentos; XVI. Para dictar leyes sobre ciudadanía, naturalización, colonización, emigración e inmigración y salubridad general de la Republica.

1a. El consejo de Salubridad General dependerá directamente del Presidente de la República, sin intervención de ninguna Secretaria de Estado, y sus disposiciones generales serán obligatorias en el país.

2a. En caso de epidemias de carácter grave o peligro de invasión de enfermedades exóticas en el país, el Departamento de Salubridad tendrá obligación de dictar inmediatamente las medidas preventivas indispensables, a reserva de ser después sancionadas por el Presidente de la República.

3a. La autoridad sanitaria será ejecutiva y sus disposiciones serán obedecidas por las autoridades administrativas del país.

4a. Las medidas que el Consejo haya puesto en vigor en la campaña contra el alcoholismo y la venta de sustancias que envenenan al individuo y degeneran la raza, serán revisadas por el Congreso de la Unión en los casos que le competan;

XVII. Para dictar leyes sobre vías generales de comunicación, y sobre postas y correos; para expedir leyes sobre el uso y aprovechamiento de las aguas de jurisdicción federal;

XVIII. Para establecer casas de moneda, fijar las condiciones que esta deba tener, determinar el valor de la extranjera y adoptar un sistema general de pesas y medidas;

XIX. Para fijar las reglas a que debe sujetarse la ocupación y enajenación de terrenos baldíos y el precio de estos;

XX. Para expedir las leyes de organización del cuerpo diplomático y del cuerpo consular mexicanos;

XXI. Para definir los delitos y las faltas contra la federación y fijar los castigos que por ellos deban imponerse;

XXII. Para conceder amnistías por delitos cuyo conocimiento pertenezca a los tribunales de la Federación;

XXIII. Para formar su reglamento interior y tomar las providencias necesarias a fin de hacer concurrir a los diputados y senadores ausentes y corregir las faltas u omisiones de los presentes;

XXIV. Para expedir la ley orgánica de la Contaduría Mayor

XXV. Para constituirse en Colegio Electoral y nombrar a los magistrados de la Suprema Corte de Justicia de la Nación, los magistrados y jueces del Distrito Federal y Territorios.

XXVI. Para aceptar las renuncias de los magistrados de la Suprema Corte de Justicia de la nación, los magistrados y jueces del Distrito Federal y Territorios.

XXVII. Para aceptar la renuncia del cargo de Presidente de la República;

XXVIII. Para examinar la cuenta que anualmente debe presentarle el poder ejecutivo, debiendo comprender dicho examen no solo la conformidad de las partidas gastadas por el presupuesto de egresos, sino también la exactitud y justificación de tales partidas.

XXIX. Para expedir todas las leyes que sean necesarias, a objeto de hacer efectivas las facultades anteriores, y todas las otras concedidas por esta Constitución a los poderes de la Unión".

De la simple lectura del artículo 73 original de la Constitución de 1917, no se desprende de manera expresa, que una facultad del Congreso, haya sido precisamente la de legislar en materia civil, mas que por lo que se refiere a la original fracción VI, misma que resultó derogada mediante decreto de 22 de agosto de 1996 y que permitía al Congreso legislar en todo lo concerniente al Distrito Federal.

La razón de lo anterior, obedece a la Reforma del Estado planteada desde 1993, año en que se adicionó al artículo 44 constitucional una primera oración identificando a la Ciudad de México, con el Distrito Federal,[32] haciendo coincidir una realidad sociológica y geográfica con una categoría jurídica. La Ciudad de México, más que una Ciudad, es el Distrito Federal, el territorio en donde se ubica el asiento de los poderes federales.[33]

El artículo 44 antes de la adición señalaba: "El Distrito Federal se compondrá del territorio que actualmente tiene, y en el caso que los Poderes Federales se trasladen a otro lugar, se erigirá en Estado del Valle de México, con los límites y extensión que le asigne el Congreso General". Dicho artículo fue adicionado mediante decreto de reforma publicado en el Diario oficial de la Federación el día 25 de octubre de 1993; quedando redactado de la forma siguiente: "La ciudad de México es el Distrito Federal, sede de los poderes de la Unión y capital de los Estados unidos Mexicanos. Se compondrá del territorio que actualmente tiene, y en el caso que los Poderes Federales se trasladen a otro lugar, se erigirá en Estado del Valle de México, con los límites y extensión que le asigne el Congreso General"

En los Estados federales, como el nuestro, existe siempre una ciudad que puede tener naturalezas jurídicas diversas, ya sea como municipio, como ciudad-estado o como entidad federal, que es considerada la sede de los poderes federales. En México, como en otros aspectos de organización constitucional, se siguió la solución estadounidense y tenemos un Distrito Federal, que es la sede de los poderes de la Unión. En otros países federales, la ciudad sede de los poderes federales no tiene la consideración de un Distrito Federal, sino la de un estado, tal como es el caso de Berlín, en la República Federal Alemana.

Ser un Distrito Federal significa que no se es ni un estado ni un municipio, que son los niveles de gobierno reconocidos en nuestra Constitución. El Distrito Federal no tiene las mismas atribuciones o competencias jurídicas de estos. El Distrito Federal cuenta con órganos de gobierno y no con poderes; algunas competencias que ejercen las autoridades de los estados, no es posible sean realizadas por las autoridades del Distrito Federal, sino las autoridades federales. Además las autoridades federales tienen más competencias de intervención en los asuntos internos del Distrito Federal que en los estados de

---

32 Tena Ramírez, *op. cit.*, nota 30, págs. 1126-1127.

33 Cárdenas, Jaime *et al*, *op. cit.*, nota 24, pág. 181.

la República. El artículo 122 de la Constitución establece el régimen jurídico especial para el Distrito Federal, lo que no ocurre con ningún Estado, que no tienen en específico un régimen jurídico propio.

Durante mucho tiempo, de 1928 a 1996, las autoridades más importantes del Distrito Federal, como el Jefe de Gobierno o los delegados, no eran elegidos por el voto directo de los ciudadanos. No obstante, a diferencia de los Estados, solo en el Distrito Federal y desde el punto de vista jurídico, está el asiento de los poderes de la Unión, es decir, su domicilio constitucional para todos los efectos y consecuencias jurídicas.

El mencionado artículo 122 constitucional[34] por su parte, fue reformado, para dar lugar a la Reforma del Estado a que me he referido, mediante decreto publicado en el Diario Oficial de la federación del Distrito Federal, el día 25 de octubre de 1993.[35]

En consecuencia, resulta claro que el Congreso de la Unión en 1928; contaba con facultades suficientes para legislar en materia Civil para el Distrito y los Territorios Federales. Sin embargo, no se comprende a cabalidad las facultades del legislador federal para poder realizar leyes en materia civil a nivel federal. No olvidemos que el Código de 1928 nació a la vida jurídica como "Código Civil para el Distrito y Territorios Federales en materia común, *y para toda la República en Materia Federal*". Quizá, la entonces fracción XXIX (que hoy es la fracción XXX) que a la letra señalaba:

> *El Congreso tiene facultad* "XXIX. Para expedir todas las leyes que sean necesarias, a objeto de hacer efectivas las facultades anteriores, y todas las otras concedidas por esta Constitución a los poderes de la Unión".

Al respecto, Ricardo de Jesús Sepúlveda Iguíniz[36] señala que el Congreso de la Unión, por el artículo que se analiza, cuenta con dos tipos de facultades expresas de forma genérica, Las explícitas y las implícitas: Las facultades explícitas son aquellas que indican de manera precisa la materia que regulan, es decir; el artículo constitu-

34 Carbonell, Miguel, *op. cit.*, nota 23, págs. 145-157.

35 Morales-Paulín Carlos A. *Transición, alternancia y reforma del Estado* México, Porrúa, 2007, pág. 140.

36 Sepúlveda, Iguiniz, Ricardo de Jesús, "Artículo 73 facultades del Congreso", Cárdenas, Jaime *et al, op. cit.*, nota 256, págs. 279-287.

cional las menciona expresamente. Frente a estas, se encuentran las facultades implícitas. Las facultades implícitas que por su parte, se encuentran en la última fracción del artículo 73 y es donde se explican de manera general y facultan al Congreso para expedir todas las leyes que tengan por objeto hacer efectivas las facultades explícitas. Continúa Sepúlveda señalando que para que dichas facultades implícitas puedan ser llevadas a cabo, es necesario cumplir con un par de requisitos:

a) La existencia de una facultad explícita que por sí sola no se pueda ejercer (como la de legislar en diversas materias para la Federación)
b) Una relación de medio-fin, entre la facultad implícita y la explícita. (al final del día, sería ilógico, que por la participación de la facultad concedida por la constitución al legislador en la fracción VI del 73, este pueda legislar en materia civil para el Distrito y los Territorios Federales, pero no en la Federación, de forma uniforme, cuando cada uno del resto de los Estados puede hacerlo en virtud del pacto federal ya analizado).

Hago notar una circunstancia importante. Todas las normas jurídicas que siguen el proceso legislativo consagrado por los artículos 71 y 72 de la Constitución Política de los Estados Unidos Mexicanos, establecen la obligación a cargo del titular del Ejecutivo correspondiente (local o federal), de publicar la ley una vez aprobada por el legislativo.

Y la publicación, además de darse a conocer por el órgano difusor, Diario Oficial de la Federación, Gaceta Oficial del Distrito Federal o Diarios oficiales de los distintos Estados de la República, el ejecutivo realiza un ejercicio formulario de notificación al inicio de la norma más o menos de la siguiente forma: "Nombre del Ejecutivo con su cargo..., a sus habitantes, sabed, Que la Legislatura del Estado, o el H. Congreso de la Unión, ha tenido a bien aprobar lo siguiente..." Es decir, el anuncio de publicación que calza toda norma positiva en nuestro país incluye elementos solemnes consagrados por el proceso legislativo consagrado constitucionalmente, el Poder Legislativo hace la ley y el ejecutivo lo publica.

El Código Civil de 1928 se separa de este proceso ya que la nota de publicación a que me he referido, es del tenor literal siguiente:

> "El C. Presidente Constitucional de la República se ha servido dirigirme el decreto que sigue:
>
> PLUTARCO ELIAS CALLES, Presidente Constitucional de los Estados Unidos Mexicanos, a sus habitantes sabed:
>
> Que en uso de la facultad que ha tenido a bien conferirme el H. Congreso de la Unión por decretos de 7 de enero y de 6 de diciembre de 1926, y de 3 de enero de 1928, expido el siguiente CODIGO CIVIL PARA EL DISTRITO FEDERAL, EN MATERIA COMUN Y PARA TODA LA REPUBLICA EN MATERIA FEDERAL"[37]

Es decir, el Código de 1928 no siguió el proceso legislativo a que me he referido, no se discutió en las Cámaras, tan solo se generó por la Comisión a que nos hemos referido y así se publicó.

No podemos perder de vista que en la época en la que el Código Civil se creó, iniciaba una de las etapas más interesantes a nivel Científico, de la Historia de México: El Presidencialismo. Y esta época en especial es recogida por los historiadores como el Maximato.[38] Dice María Amparo Casar que en los años posteriores a la Revolución, la presidencia era por varias razones mucho menos poderosa de lo que sería después ya que la jerarquía del poder no estaba claramente establecida a nivel nacional.[39] El alcance del poder presidencial se hallaba limitado en un contexto en el que actores políticos locales dominaban extensas porciones del territorio. Además, la presidencia estaba asociada al poder de quien pudiera constituirse en el "hombre fuerte"; su poder no derivaba de las normas o instituciones, y por último ésta (la presidencia) no dominaba, no controlaba como ocurrió luego, el conjunto de centros de poder. Ya los establecidos por la Constitución, es decir; el legislativo, el judicial y las entidades federativas, ya los surgidos de la sociedad civil como las organizaciones sindicales, campesinas y empresariales.

Señala Casar que el presidencialismo mexicano hasta la década de 1980 recorrió tres etapas: En la primera, que va de 1917 a 1920 se confirma el diseño institucional con un ejecutivo fuerte: La segunda

---

37 *Código Civil para el Distrito Federal, op. cit.*, nota 6, pág. 241.

38 Casar, María Amparo, "El Presidencialismo" en Loaeza, Soledad, (coord.) *Gran Historia de México Ilustrada.* Tomo IX. *El siglo XX mexicano,* México, Planeta de Agostini y CONACULTA-INAH, 2002 págs. 21-40.

39 *Ibidem* pág. 35.

(1920 a 1935), que es la época que nos interesa por estar el Código del 28 inmerso en la misma, es el periodo posrevolucionario en el que el ejecutivo se colocó en la cima de la jerarquía política. Y la tercera ocupa el periodo en que el poder se redistribuyó a favor de la presidencia a expensas del resto de las instituciones políticas y de la sociedad.[40]

Durante las dos primeras etapas, la base real de poder era el ejército. Sin esta institución era imposible gobernar. Hacia finales de los años treinta y principios de los cuarenta, las fuerzas armadas dejaron de ser la principal fuerza de apoyo del gobierno y fueron sustituidas por las organizaciones sociales que se incorporaron al partido en el poder y también por una extensa base burocrática o administrativa.

Plutarco Elías Calles, presidente de la República de 1924 a 1928 y jefe máximo hasta 1935, es acreditado como el artífice del presidencialismo fuerte y el que sentó las bases del Estado interventor en el derecho, la economía; las instituciones.[41]

La promulgación y publicación que realiza el presidente Calles del Código Civil de 1928, como lo señalamos, se realiza a través de una serie de facultades extraordinarias a que nos referiremos a continuación.

Dichas facultades, consideramos, no tuvieron una razón jurídica de existir pues la Nación no se encontraba en los casos de excepción a que se refiere la Constitución Política para otorgar al Ejecutivo facultades extraordinarias.[42]

De esta manera, el día 7 de enero de 1926, el Honorable Congreso de la Unión expide un decreto facultando al titular del Poder Ejecutivo, para reformar diversos ordenamientos, entre ellos el Código Civil, en un plazo que terminaría el día 30 de noviembre del mismo año.

En este periodo, sin embargo, no se terminó el Código que nos ocupa, por lo que el Congreso de la Unión otorgó al ejecutivo dos prórrogas, la primera, que fenecía el 31 de mayo de 1927, y la segunda hasta el 3 de enero de 1928.[43]

---

40 *Idem.*
41 *Idem.*
42 Rico Álvarez Fausto y Garza Bandala, *op. cit.*, nota 18 pág. 28.
43 *Código Civil para el Distrito Federal, op. cit.*, nota 6, pág. 41.

Es de esta manera, que el Código recibió pues el nombre de "Código Civil para el Distrito Federal en Materia Común y para toda la República en Materia Federal",[44] dejando de relieve su naturaleza Federal y, al mismo tiempo, que la materia Civil resultaba local para cada uno de los demás Estados, por lo que a ellos les correspondería su propia legislación.

Ahora bien, Lo anterior, por lo que se refiere a la formación original del Código de 1928, mismo que resultó en consecuencia un producto terminado, pero inacabado como lo demuestran las reformas a las que ha sido expuesto desde su promulgación.

Para concluir con este instrumento, haremos una breve referencia de su integración jurídica histórica de la siguiente forma:

Más de 2,578 artículos provenientes del Código de 1870, se encuentran incorporados en el de 1928. Originalmente este Código contó con 4,216 artículos, de los cuales2,297 están reproducidos de forma literal o cuasi literal desde el de 1870 pasando por el de 1884.

Las innovaciones del Código del 28 consistieron en establecer la igualdad de capacidad jurídica entre el hombre y la mujer (art. 2do.); una forma especial de lesión (art. 17); consagrar la doctrina del abuso del derecho en materia de propiedad (art. 840); la del abuso del derecho en general (art. 1912); la responsabilidad objetiva extracontractual (art. 1913); el riesgo profesional (arts. 1935 a 1937). También se reguló la promesa de contratar (art. 2243); se otorgó la facultad a los jueces para que en vista del atraso, miseria y lejanía de las vías de comunicación de algunos individuos, pudieran eximirlos de las sanciones establecidas por la ley que ignoraban o bien otorgarles un plazo especial para su cumplimento (Art. 2do.); reconocimiento de la personalidad jurídica de los sindicatos (art. 25); igualdad de autoridad y consideraciones en el hogar para el hombre y la mujer (art. 168). Se reduce el número de derechos reales reconocido por el Código de 1870 y retomado por el de 28, suprimiendo al efecto el foro y la enfiteusis, entre otras.

En cuanto a las reformas del Código de 1928, se han hecho entre otras en las materias siguientes:

---

[44] *Idem.*

1. Actas de Nacimiento. Derogado el art. 56 del Capítulo I, Título Cuarto, Libro Primero.
2. Actas de emancipación. Derogados los arts. 94 a 96, del Capítulo VI, Título Cuarto, Libro Primero.
3. Divorcio. Derogado el art. 282, fracc. I, del Capítulo X, Título Quinto, Libro Primero.
4. Reconocimiento de hijos nacidos fuera del matrimonio. Derogado el art. 373, del Capítulo IV, Título Séptimo, Libro Primero.
5. Emancipación. Derogados los arts. 642, 644 y 645, del Capítulo I, Título Décimo, Libro Primero.
6. Derechos de autor. Derogados los arts. 1181 a 1280, del Título Octavo, Libro Segundo por la Ley federal de Derechos de Autor del 29 de diciembre de 1956.
7. Testamento público abierto. Derogado el art. 1515 del Capítulo II, Título Tercero, Libro Tercero.
8. Declaración unilateral de la voluntad. Se consideran derogados los arts. 1873 a 1881, del Capítulo II, Título Primero, Primera Parte, Libro Cuarto.
9. De los que pueden vender y comprar. Derogado el art. 2275, del Capítulo III, Título Primero, Segunda Parte, Libro Cuarto.
10. Arrendamiento. Derogado el art. 2398 del Capítulo I, Título Sexto, Segunda Parte, Libro Cuarto.
11. Arrendamiento de fincas urbanas destinadas a la habitación. Derogados los arts. 2407, 2448 D segundo párrafo, 2448fracc. I, 2448 I, 2448 L, 2449, 2450, 2451, 2452 y 2453 del Capítulo I, Título Sexto, Segunda parte, Libro Cuarto. Reformados los arts. 2406, 2412 fracc. I, 2447, 2448, 2448 B, 2448 C, 2448 J, 2448 K 2478.
12. Arrendamiento de fincas rústicas. Derogado el art. 2453 del Capítulo V, Título Sexto, Segunda Parte, Libro Cuarto.
13. Modo de terminar el arrendamiento. Derogados los arts. 2485, 2486, 2488, 2491 y 2494, del Capítulo IX, Título Sexto, Segunda Parte, Libro Cuarto, Reformados 2484, 2487, 2489 fracc. I y 2490; adicionados 2489 fraccs. IV y V.

III. Aspectos básicos del derecho de familia mexicano

En México como he señalado, el derecho de familia es norma e institución de orden público por lo que no es posible renunciar válidamente a los derechos que crea a través de la norma autonómica privativa.

Sin embargo la misma ley permite su modificación y cancelación en determinados casos que la misma norma señala y bajo las condiciones y características legales imperantes, así como la interpretación jurisprudencial adecuada.

El derecho de familia forma parte del universo del derecho privado. Para los casos concretos de la Ciudad de México y del Estado de México sigue integrando el derecho positivado civil y en consecuencia, en términos de lo dispuesto por los artículos 124[45] y 73[46] fracción X, ambos de la Constitución Política de los Estados Unidos Mexicanos, al no ser facultad especial del legislativo federal conocer de la materia que me ocupa, son de competencia local, es decir; corresponde a los funcionarios locales conocer de dicha materia.

En consecuencia, la normatividad derivada del derecho de familia la conoce necesariamente el Congreso de la Ciudad de México o el Congreso del Estado de México, dependiendo del lugar en el que se encuentre el sujeto titular de los derechos de familia al momento en que estos se vean generados o comprometidos.

Y en ese instante, es tribunal competente para conocer de dichos conflictos, el del Poder Judicial Local.

Para el caso de la Ciudad de México, los tribunales ordinarios en materia de familia o bien los Juzgados orales en términos de lo

---

45 Estrada Sámano Rafael, "Comentario al artículo 124 de la Constitución Política de los Estados Unidos Mexicanos", en Arriola Juan Federico (coordinador.), *Constitución política mexicana en su centenario*, México, Trillas, 2017, págs. 829-831.

46 Arriola, Juan Federico, "Comentario al artículo 73 de la Constitución Política de los Estados Unidos Mexicanos", en Arriola Juan Fedrico, íbidem, págs. 413-421.

dispuesto por el artículo 1019 del Código de Procedimientos Civiles para el Distrito Federal[47]

En términos del dispositivo señalado, solo se tramitarán mediante juicio oral familiar las controversias relacionadas con guarda y custodia, régimen de convivencias, violencia familiar, nulidad de matrimonio, rectificación o nulidad de atestados del registro civil, filiación, suspensión o pérdida de la patria potestad; constitución forzosa de patrimonio familiar, cambio de régimen patrimonial controvertido y la interdicción contenciosa.

Los procedimientos de jurisdicción voluntaria; divorcio, pérdida de patria potestad de menores acogidos por una institución pública o privada de asistencia social, de levantamiento de acta de reasignación para la concordancia sexo genérica y la adopción doméstica de acuerdo con dicho artículo, se seguirán tramitando conforme a las reglas generales adaptándose al proceso oral.

No es posible en términos de ley, tramitar en juicio oral juicios sucesorios, nulidad de testamento, petición de herencia, incapacidad para heredar, modificación de inventario por error o dolo, declaración de ausencia y presunción de muerte. Restitución internacional, diligencias prejudiciales de interdicción y los demás juicios de tramitación especial.

Estos seguirán ventilándose en justicia ordinaria.

Por su parte, para el caso del Estado de México, ésta entidad tramita el divorcio incausado a través de dos procedimientos distintos, el unilateral y el consensual.

En ambas entidades, la materia de familia sigue formando parte de la legislación civil, aún y cuando los procedimientos relativos a los conflictos de la materia ya se siguen en tribunales especializados por lo que de las autonomías que la doctrina señala para estar en posibilidad de hablar de otra materia diferente y especializada en estos lugares aún falta la autonomía legislativa para los efectos apuntados.

---

47 *Código de procedimientos Civiles para el Distrito Federal y federal de procedimeintos civiles*, México, Tribunal Superior de justicia de la Ciudad de México, 2016, págs. 338-339.

En efecto, la doctrina habla de una autonomía pedagógica, esto es; en cuanto a su enseñanza. La materia tiene independencia académica, principios de aplicación propios y método de estudio particular.

La materia además tiene una autonomía aplicativa y funcional, cuenta con tribunales especializados en materia común, institutos de asistencia especializada y profesionalización técnica propia.

Ni en la Ciudad de México, ni en el Estado de México, cuenta la materia con autonomía legislativa. Sigue siendo parte de la normatividad civil. Circunstancia que no se presenta en Hidalgo, Morelos, Michoacán y otros estados de de la República que han dado el paso a la formación de una materia independiente denominada Derecho de Familia, que por su naturaleza debería de ser integrante del Derecho privado pero con aplicación de normatividad de orden público de acuerdo a lo expuesto en líneas anteriores.

La reforma constitucional de 2017, por la cual, la materia adjetiva o procesal, paso a ser una facultad del Congreso Federal, retirando así la posibilidad que hasta ese momento tenían los estados de la República, y la Ciudad de México, de legislar en dicha materia, es irrelevante al momento de escribir las líneas anteriores, ya que en estas fechas, abril de 2023; el Congreso no ha promulgado el esperado Código Federal de Procedimientos Civiles y Familiares, normatividad que de dicha reforma surgiría.

IV. El acto jurídico en materia familiar

EL ACTO JURÍDICO CIVIL

El acto jurídico se ha definido de forma clásica como "La manifestación de voluntad de una o más personas encaminada a producir consecuencias de derecho que pueden consistir en la creación, modificación, transmisión o extinción de derechos subjetivos y obligaciones y que se apoya para conseguir esa finalidad en la autorización que en tal sentido le concede el ordenamiento jurídico"[48]

Este concepto tan simple es candidato a ser la más exquisita construcción epistemológica de una idea jurídica toda vez que el derecho se comunica a través de enunciados formales que en conjunto crean ordenamientos jurídicos especializados en la rama de interés de que se trate.[49]

Esto significa varias cosas para el sistema de derecho positivo en la que vivimos inmersos; por lo menos dos: En primer lugar, que la construcción elemental señalada en el párrafo anterior se contempla en la definición que el legislador ha hecho de una forma más o menos consistente del denominado acto jurídico, y en segundo sitio, de la interpretación que de sus elementos ha hecho de una forma más o menos congruente.

En su construcción, el legislador ha utilizado dos especies diferentes de elementos a saber; los elementos de existencia por un lado y por otro, los requisitos de validez.

Los elementos de existencia del acto jurídico son dos en nuestro sistema: El objeto y el consentimiento mismos que así sea de forma somera, merecen un análisis:

---

48 Cornejo Certucha Francisco M. Voz: "Acto Jurídico", *Enciclopedia Jurídica Mexicana* 3ª. ed. México, Porrúa UNAM, Instituto de Investigaciones Jurídicas, 2012, t. I, págs. 128-130.

49 Liceaga Galván Miguel Ángel, *Hacia una nueva y mejor construcción de la teoría de las nulidades del acto jurídico en el código civil para el Distrito federal*, Tesis que para optar por el grado de Doctor en Derecho presenta: Universidad Panamericana, México, 2022, pág. 7.

EL CONSENTIMIENTO

La norma objeto del presente estudio no define la voz "acto jurídico", aunque si se refiere al concepto en diversas ocasiones, por lo que para su construcción es necesario acudir al análisis de sus elementos así como de la doctrina especializada.

El artículo 1794 del código civil para el Distrito Federal[50] (hoy Ciudad de México)[51] señala como elementos de existencia de los actos jurídicos, el consentimiento y el objeto que pueda ser materia de él.

La norma jurídica positiva vigente en la Ciudad de México no define la voz "consentimiento" como si lo hace el artículo 1.262 del código civil español[52] que señala que es el concurso entre la oferta y la aceptación sobre la cosa y la causa que han de constituir el contrato. El concepto parece completo.

Borja Soriano[53] se refiere al consentimiento como el elemento esencial del contrato, y lo define, siguiendo a Capitant, Bonnecase y Gournot, como el acuerdo de dos o más voluntades sobre la producción o transmisión de obligaciones y derechos, siendo necesario que estas voluntades tengan una manifestación exterior.

Martínez Alfaro[54] por su cuenta señala que el consentimiento es el acuerdo de voluntades respecto a un objeto común que consiste en producir consecuencias jurídicas que son la creación, transmisión, modificación o extinción de obligaciones.

---

[50] *Ibidem;* pág. 147.

[51] En lo subsecuente, omitiré aclarar en cada ocasión que la normatividad civil vigente para la Ciudad de México, lo es el Código Civil para el Distrito Federal ya que el cuerpo normativo analizado sigue llamándose así, a pesar del cambio de denominación de la jurisdicción sobre la cual se aplica toda vez que la autoridad competente, al día en que escribo estas líneas, no ha realizado un acto legislativo tendiente a modificar esa situación como si se ha hecho con otras leyes como la ley del notariado para la Ciudad de México o la ley orgánica del Tribunal Superior de Justicia de la Ciudad de México.

[52] *Código Civil*, 25ª ed. Madrid, Civitas, 2002, pág. 413.

[53] Borja Soriano Manuel, *Teoría general de las obligaciones*, 13ª ed., México, Porrúa, 1994, pág. 121.

[54] Martínez Alfaro Joaquín, *Teoría de las obligaciones*, 12ª ed. México, Porrúa, 2012, pág. 25.

Galindo Garfias[55] prefiere hablar de forma más técnica de *autonomía privada*, y explica magistralmente que la norma jurídica permite a la voluntad de los particulares regular sus propios intereses privados, en aquellos casos en que el Derecho objetivo no ha optado por regularlos imperativamente.

En el ámbito de los actos jurídicos, señala Galindo, la voluntad de los particulares es un elemento esencial del acto jurídico sin la cual el acto no puede ser concebido.

Lo anterior es tan obvio y lógico como importante ya que los conceptos anteriores desligan o por lo menos desconocen la intervención del orden jurídico positivo en la formación del consentimiento, como un sistema mixto de generación de derechos y obligaciones en el ámbito de los derechos privados de las personas.

Es decir. Aún y cuando la actual norma positiva no se detenga a definir el consentimiento ni sus elementos, éste debe de existir en una relación tendiente a modificar de forma voluntaria las esferas jurídicas de los participantes en un acto.

Tan natural resulta ser la institución que la carencia de la misma impide la formación de obligación alguna. Del mismo modo, la ausencia de los elementos constitutivos del consentimiento, la libertad, la espontaneidad, y la información es capaz de destruir el acto ya formado.

Pero además de las anteriores características no reguladas, la norma jurídica permite la libre formación del consentimiento, dirigida a modificar las esferas jurídicas de sus titulares siempre y cuando ese consentimiento no transgreda ciertos límites o prohibiciones impuestos por el legislador con un objetivo muy claro: impedir que el consentimiento sea irrestricto.

Gracias a estos límites, en nuestro sistema normativo no es posible que los particulares pacten con su vida, con su salud, con su libertad, con los derechos derivados de sus relaciones familiares o con otra serie de valores que son en esencia indisponibles.

---

55 Galindo Garfias Ignacio, *Derecho Civil*, 22ª ed. México, Porrúa, 2003, pág. 225.

Ha habido intentos, incluso materialización legislativa en materia de relaciones familiares, de transgredir dichos límites. La sociedad en convivencia[56] es uno, el llamado arrendamiento de útero[57] es otro.

Los pretendidos actos jurídicos señalados en el párrafo anterior cumplen a cabalidad con el requisito del consentimiento de las personas cuya esfera jurídica se verá afectada por su realización, sin embargo, en la realidad jurídica deberían de ser ineficaces en tanto que el objeto, motivo o fín de los mismos es contrario a normas de orden público, al estar excluidos del comercio en términos de lo dispuesto por los artículos 747,748 y 749 del código civil.

La ley de sociedades de convivencia es promulgada por el entonces Jefe de Gobierno del Distrito Federal (hoy Ciudad de México), Alejandro de Jesús Encinas Rodríguez, y publicada en la Gaceta Oficial del Distrito Federal el día 16 de noviembre de 2006.

El original código civil de 1928[58] no definió el matrimonio. No es sino hasta la reforma que parte en dos el código mencionado, y en virtud del cual nacen los códigos civiles para el Distrito Federal y Federal, que en el primero de los mencionados se define en su artículo 146[59] la institución como *la unión libre de un hombre y una mujer para realizar la comunidad de vida, en donde ambos se procuran respeto, igualdad y ayuda mutua con la posibilidad de procrear hijos de manera libre, responsable e informada. Debe celebrarse ante el juez del Registro Civil y con las formalidades que esta ley exige.*

El artículo 146 señalado permaneció sin cambios hasta que con fecha 21 de diciembre de dos mil nueve La entonces Asamblea Legislativa del Distrito Federal lo reformó, abriendo la puerta al matrimonio homosexual, terminando así con el origen, o la causa de la teoría de

---

56 Ley de sociedad de convivencia para el Distrito Federal *http://www.aldf.gob.mx /archivo-05b2bbe0d8e3f376fa1f335467aef70c.pdf*

57 Código Civil para el Estado Libre y Soberano de Tabasco *https://armonizacion. cndh.org.mx/Content/Files/LGBTTTI/CodCivilFam/27Codigo_CE_Tab.pdf*

58 Andrade, Manuel, *Nuevo* código civil para el Distrito y Territorios Federales, en Materia Común, y para toda la República en Materia Federal *y leyes complementarias*, México, Herrero hermanos suc., 1929, pág. 23.

59 Consejería Jurídica y Servicios Legales del Distrito Federal. *Gaceta Oficial del Distrito Federal No. 88, 25 de mayo de 2000. Decreto por el que se adicionan reforman y derogan diversas disposiciones del Código Civil para el Distrito Federal en materia común y para toda la República en materia federal.*

la inexistencia del acto jurídico como la conocemos actualmente,[60] en el entonces Distrito Federal.

Todos los antecedentes son importantes dado el contenido de los artículos 2 al 6 de la Ley de sociedades de convivencia para el Distrito Federal, mismos que hacen pensar que dicha ley es una forma positiva de violentar el contenido del artículo 146 del Código Civil capitalino vigente en la fecha de su creación, ya que siendo las normas del derecho de familia de orden público e interés social, las obligaciones generadas en términos de dicha materia son indisponibles, es decir; los derechos que crea son irrenunciables por parte de sus titulares, situación que técnicamente volvía imposible, por decreto la celebración de matrimonios de personas del mismo sexo en el Distrito Federal.

El legislador, en vez de modificar el código civil, lo que hace es crear una norma extraña que reglamenta un acto jurídico complejo y peculiar en donde dos personas, del mismo o de diferente sexo, pueden establecer un hogar común.

Lo anterior es la regla general. Las excepciones normativas: la existencia de matrimonio previamente celebrado por cualquiera de los pretendidos convivientes, el concubinato o incluso, la celebración previa de otra sociedad de convivencia con diversa persona, lo que asemeja a la sociedad en convivencia al concubinato en la Ciudad de México. Por lo menos desde el punto de vista positivo ya que la Corte se ha separado de la ley, si es que jurídicamente tal cosa es posible, señalando una interpretacion de inconstitucionalidad al requisito de inexistencia de matrimonio previo o de relación de concubinato preexistente

En realidad, y por las anteriores disposiciones normativas, es por lo que me parece que la figura analizada no es mas que una forma de acceder al matrimonio, para quienes por la razón natural del sexo, y la prohibición elemental positiva vigente al momento del nacimiento de la ley en comento, no podían hacerlo.

Resulta en términos técnico legislativos y normativo filosóficos, imposible que la ley siga esos derroteros. No es que el legislador esté facultado por el derecho para violentar legislación elemental o de

---

60 Domínguez Martínez Jorge Alfredo, *Derecho civil obligaciones;* México, Porrúa, 2018; págs. 221-225.

orden público cuyo establecimiento obedece a un gran pacto social vigente al momento de su creación, y que debe de partir al final del día, del orden natural de las cosas ya que es claro que la justicia debe de seguir al derecho.[61]

Alberto Aguilar Mondragón[62] señala que la ley que nos ocupa, al pretender ser un instrumento de igualdad e inclusión, se ha quedado lejos de esos objetivos puesto que de acuerdo al autor citado, la norma no discrimina al carecer de cargas axiológicas.

La persona humana, señala Aguilar, tiene los mismos derechos, y por ende, las mismas posibilidades de ser incluido en la sociedad, siendo que quienes en realidad discriminan son las personas.[63]

En este sentido, la celebración de contratos de sociedad de convivencia que en realidad son hechos jurídicos indebídamente institucionalizados,[64] resultan ser nulos absolutos en términos del sistema de nulidades aplicable, atendiendo por supuesto a la teoría de la causa, si es que el motivo o fin determinante de la celebración del mismo fue el de pretender evadir el requisito legal contenido en el artículo 146 vigente desde el 25 de mayo del año dos mil y hasta el 21 de diciembre de dos mil nueve, y posteriores ya que la nulidad absoluta no es susceptible de valer ni por confirmación ni por prescripción.

La misma suerte corre el mal denominado contrato de arrendamiento de útero o maternidad subrogada reglamentado por el código civil para el Estado Libre y Soberano de Tabasco y símplemente contemplado por el código civil de Sinaloa, al tener como objeto del mismo, la posibilidad de que una persona sea gestada en el vientre de mujer que al final no será para la ley su ascendiente lineal femenino

---

61 Liceaga Galván Miguel Ángel, *El derecho positivo como interpretación extensión y desglose del derecho natural. Caso del código civil para el Distrito Federal.* Tesis que para obtener el grado de doctor en derecho presenta, Universidad Marista, con reconocimiento de validez oficial 2006379 de 3 de julio de 2006, México, 2018, pág. 33.

62 Aguilar Mondragón Alberto, "Análisis jurídico de la ley de sociedades de convivencia para el Distrito Federal", en Patiño Manffer Ruperto y Ríos Ruiz Alma de los Ángeles (coord.), *Derecho familiar, temas de actualidad,* México, Facultad de Derecho UNAM y Ed. Porrúa, 2011, págs. 1-10.

63 *Idem*

64 De la Mata Pizaña Felipe y Garzón Jiménez Roberto; *Sociedades de convivencia*; 2ª ed. México, Porrúa-Universidad Panamericana; 2015. Pág. 450.

en primer grado, aún y cuando sea la progenitora en el más estricto de los términos.

Estas normas son de suyo imposibles jurídicos por inconstitucionales al invadir materias cuya esfera de aplicación es federal y referirse a bienes jurídicos indisponibles como lo son órganos y tejidos humanos que por definición se encuentran fuera del comercio.

En consecuencia, siendo el consentimiento, el más importante de los elementos de existencia de los actos jurídicos, lo cierto es que no es posible hablar de un consentimiento irrestricto y violatorio de la norma de orden público y la naturaleza de las cosas, lo que convierte a dicho elemento en un elemento limitado y necesariamente reglamentado por la norma.

El objeto que pueda ser materia de los actos jurídicos por su parte es, a decir de Raquel Sandra Contreras López[65] un elemento de existencia de los actos jurídicos, que encuentra tres significados: un objeto directo, un objeto indirecto y la cosa como objeto de la conducta de dar, además de que para ser posible refiere la autora debe además de cumplir una serie de requisitos a saber, si se trata de una prestación de dar debe de existir en la naturaleza al momento de la celebración del acto, estar determinado o ser determinable y estar dentro del comercio; pero si se refiere a conductas de hacer o de no hacer, no debe de contradecir las leyes de la naturaleza y las leyes jurídicas entendidas las mismas como el orden público y las buenas costumbres.[66]

La inobservancia de dichos requisitos producirá dependiendo el caso, la inexistencia o la nulidad absoluta del acto. Diferentes por supuesto ambos en una cuestión fundamental. El acto jurídico inexistente no es capaz de producir efecto jurídico alguno como lo dispone el artículo 2224 del Código Civil para el Distrito Federal[67] en tanto que el acto nulo absoluto produce sus efectos de forma provisional hasta en tanto se declare la nulidad correspondiente por el

---

65 Contreras López Raquel Sandra, *Derecho civil*, México, Porrúa, 2016, pág. 361.

66 *Idem.*

67 Flores Carrillo; Gabriela *(coord.)*, *Legislación civil y familiar de la Ciudad de México*, Gallardo ediciones; 7ª. ed. Cd. De Méx. pág. 172.

juzgador en términos de lo ordenado por el artículo 2226 del mismo cuerpo normativo.[68]

Es por esta razón que el presente apartado distingue al objeto como elemento de existencia, y no propiamente como un requisito de validez que es aquel en donde la licitud va de la mano con su eficacia jurídica y hablaremos de esto en el capítulo correspondiente.

Los conceptos anteriores son conceptos legales. Se encuentran reglamentados por el código civil para el Distrito Federal. Sin embargo, no necesariamente son ciertos al encontrarlos en el mundo real.

El código civil para el Distrito Federal señala en su artículo 1825 que la cosa objeto del contrato debe, por una primera parte, existir en la naturaleza, ser determinada o determinable en cuanto a su especie y estar en el comercio.[69]

Además, de forma permisiva la misma legislación, en su siguiente artículo prevé que cosas que no existen, pero que sean susceptibles de llegar a existir, sean también objeto de un acto jurídico con la sola excepción de los eventuales derechos sobre el patrimonio de una persona que aún no ha muerto.[70]

Es decir, la norma señala como característica del objeto su existencia en el mundo real, o la eventualidad de la misma, como para que el acto jurídico exista.

La carencia o ausencia de éste de una forma real, como si pretendiera vender una quimera, o funcional, como para el caso de los objetos que no están en el comercio, y que de forma técnica ni siquiera podrían gozar de la calificación de cosas-objeto por la definición legal adoptada por los artículos 747 a 749 del Código Civil[71] no permitirá la formación adecuada del consentimiento, aún y cuando éste se presente con las características ya señaladas y en consecuencia, será un obstáculo para la formación del acto.

Elemento muy importante en materia de familia, es la pretendida solemnidad.

---

68 *Idem.*

69 *Ibidem*, pág. 217.

70 *Idem.*

71 *Ibídem*, pág. 127-128.

El nuevo Código, el de 1928[72] pretende introducir un elemento legislativo, adicional que no encuentra cabida en los códigos civiles que lo precedieron.[73] No aparece reglamentado por el código civil español[74] ni por el italiano.[75] El código francés anterior lo desconoce,[76] el actual también. Estamos hablando de un "pretendido" elemento de existencia de los actos jurídicos que ni siquiera aparece en el texto del artículo 1794 de nuestro código como tal: La solemnidad.

Debo admitir que que un Código muy posterior, el del Estado de México de 29 de abril de 2002,[77] que abrogó el de 29 de diciembre de 1956, si introduce como novedad legislativa, *la solemnidad* como elemento de existencia en su artículo 7.7 y si establece como causa de inexistencia, la falta de este elemento en los actos mismos que la ley señala.

Sin embargo, sostengo que en materia de derecho privado no hay actos solemnes por lo que la crítica que hago a ese concepto en el presente apartado es vigente para el mismo ordenamiento (el del Estado de México).

La solemnidad es un elemento propio del derecho romano[78] que Bonnecase incluyó en su teoría tripartita, al considerar estar viviendo un *renacimiento del formalismo*[79]

Existe una escuela mexicana,[80] que pretende ver en determinadas figuras reglamentadas por el Código de 1928, como lo son el matrimonio, el reconocimiento de hijos y el testamento, esa solemnidad que definida clásicamente como la forma elevada a elemento de exis-

---

72 Andrade, *op. cit.* nota 58 pág. 283.

73 Batiza, Rodolfo; *Las fuentes del código civil de 1928;* México, Porrúa; 1979; págs. 93-94.

74 Código, *op cit.* nota 14, pág. 416.

75 *Codice civile,* Napoli, Gruppo Editoriale Esselibri-Simone, 2002, pág. 559.

76 *Code civil,* Paris, Groupe Lexis Nexis, 2003, pág. 628.

77 *Legislación civil para el Estado de México,* 130ª ed. México, Sista, 2021, pág. 119.

78 Castrillón y Luna Víctor M., *Obligaciones civiles y mercantiles*, México, Porrúa, 2009, págs. 86-87.

79 Bonnecase, Julien, *Tratado elemental de derecho civil*, México, Harla, 1993, pág. 767.

80 Arce y Cervantes José, *De las sucesiones* 6ª ed. México, Porrúa, 2001, págs. 59-61.

tencia, implica que la inobservancia de esa forma sería suficiente para restar todos los efectos al malogrado acto jurídico.

Lo anterior es exagerado.

Existe una confusión entre actos que son sancionables por los particulares para dotar a los mismos de efectos jurídicos, frente a actos que de alguna manera forman parte del orden e interés público, y en consecuencia, el legislador ha buscado dar una participación al estado para legitimar, formalizar y dotar de eficacia dichos actos.

Los primeros son los actos jurídicos de derecho privado, civiles o mercantiles en los que el particular afecta su esfera jurídica de forma válida sin necesidad de estar cuidado por la autoridad pública.

Así el particular decide comprar ropa o un carro, o hasta una casa, rentar la que tiene o regalar parte de su patrimonio reservando lo necesario para vivir.

Y todo surte efectos. En términos de lo mandatado por el artículo 1796 del Código Civil,[81] los contratos se perfeccionan con el mero consentimiento entre las partes, y desde que se dá ese perfeccionamiento obligan no solo a lo expresamente pactado sino a las consecuencias que se deriven de la naturaleza del contrato y de la buena fe.

Esto significa que todos los contratos se presumen celebrados de buena fe. Concepto que retomaremos al hablar de la ilicitud como la causa que destruye al acto jurídico.

Esto resulta suficiente para afirmar que la falta de forma es incapaz de invalidar los efectos de los actos jurídicos, ya que como he señalado, los mismos se perfeccionan con el mero consentimiento, excepto los casos que la misma ley señala.

Una buena lectura de la línea anterior, me permite concluir que el acto formal, carente de forma legal; tan solo es imperfecto. Pero no inválido.

Basta en consecuencia, sin necesidad de formalidad alguna el consentimiento de las partes para generar consecuencias de derecho entre ellos.

Caso contrario son aquellos actos sancionados por la autoridad política, reglamentadas en normas de orden público y que por la gra-

---

81 Flores Carrillo, *op. cit.*, nota 67, pág. 148.

vedad de los mismos requieren de ciertas formalidades esenciales, como una licencia de manejo, el ejercicio de una profesión liberal, la obtención de una licitación pública.

Actos de derecho público que relaciona a los particulares de alguna forma, y que sin el respeto a la *solemnidad* que la ley señala para los de su clase son incapaces de surtir algún efecto.

Estos últimos no interesan para el objeto que este libro persigue. En realidad, pretemdo entre otras cosas, responder, si esa institución (la solemnidad) en efecto es un elemento de existencia de algún acto jurídico de derecho privado.

De ser así, como debería de reglamentarse en la norma, y en caso contrario, divulgar esa conclusión.

La solemnidad, es un pretendido elemento de existencia que se encuentra presente de acuerdo con la opinión de algunos doctrinarios, como Contreras López,[82] Martínez Alfaro[83] y por supuesto, Gutiérrez y González[84] en diversos actos jurídicos especializados.

No hay actos solemnes.

El mejor argumento para sostener esa afirmación es el positivista. La solemnidad no forma parte de los elementos de existencia consagrados por el artículo 1794 por lo que se refiere al código capitalino, y tampoco existe en vía de sanción por su falta en el 2224, por lo que en términos de los artículos 14 y 16 constitucionales no es posible anular un acto jurídico por su falta de solemnidad.

En efecto, en esencia la norma constitucional prescribe la imposibilidad de molestar a las personas, a los gobernados en sus derechos, cualquier derecho, sin una orden por escrito de la autoridad competente que funde y motive la causa legal del procedimiento, aplicando al efecto las leyes perfectamente invocables y creadas con anterioridad.

Y sí la norma no señala a la solemnidad como un elemento de existencia, retomando además los argumentos vertidos en materia de inexistencia en este mismo trabajo, resulta imposible acudir a la auto-

---

82 Contreras, López Raquel Sandra, *Derecho civil*, México, Porrúa, 2016, pág. 390.

83 Martínez Alfaro, *op. cit.*, nota 54, pág. 88.

84 Gutiérrez y González y González Ernesto, *Derecho de las obligaciones*, 21ª ed., México, Porrúa, 2015, págs. 190-191.

ridad judicial a pedir la destrucción de un acto jurídico en el que no se siguieron las solemnidades del caso. En tanto que la ley ni siquiera lo reglamenta.

Los autores que defienden este pretendido elemento de existencia confunden el acto de derecho privado con los actos de particulares de derecho público.

El matrimonio es un acto de particulares que ni siquiera es de derecho público en tanto que el derecho de familia se reglamenta en la normatividad civil para el caso de la Ciudad de México[85] y se refiere a relaciones entre particulares. En todo caso, es un derecho de *orden público*.

Pero además, aun siendo un acto de *orden público*, lo que podría darle la nota de solemne, al final del día le es retirada por el mismo legislador.

Basta revisar el contenido del artículo 250 del código[86] para darnos cuenta de que el legislador da y el legislador quita. En este caso, la calidad de solemne al señalar que no se admitirá demanda de nulidad por falta de solemnidades en el acta al matrimonio al que se le una la posesión de estado matrimonial.

Del mismo modo el reconocimiento de hijos, ya que para tener efectos termina adoptando la naturaleza jurídica de ser un acto de particulares de *derecho público*, toda vez que en términos de lo preceptuado por el artículo 369,[87] para hacer válido el reconocimiento de un hijo, este debe de hacerse de forma *pública;* en escritura pública que puede ser de declaraciones o testamento, ante el registro civil en la misma partida de nacimiento o en acta por separado o mediante confesión judicial expresa y directa.

Lo que la norma no señala es que para que dicho reconocimiento surta efectos, el mismo debe de ser *completado,* o si se permite el término, *solemnizado;* ya que al final del día se trata de afectar los derechos de una o varias personas relacionadas, cuando no hay consentimiento pleno de los dos padres de reconocer al menor habido fuera de matrimonio, por lo que al final es necesaria la declaración de un Juez.

---

85 Flores Carrillo, *op. cit.*, nota 67, págs. 50-51.

86 *Ibidem,* pág. 57.

87 *Ibidem,* pág. 68.

Y si tal consentimiento mutuo existe, ese debe *completar* el acto de reconocimiento en términos de las distintas legislaciones que abordan el tema, y ante la autoridad competente.

Por último, algunos califican al testamento[88] como el tercero de los actos solemnes ya que necesariamente debe de ser otorgado ante notario para ser capaz de surtir sus efectos.

Por definición también esta calificación me parece inexacta ya que como se ha señalado, no existe como elemento de existencia la pretendida solemnidad,[89] ni causa de inexistencia en la legislación normativa de nuestra Ciudad la falta de solemnidad.[90]

Eso impide de entrada iniciar cualquier procedimiento de declaración de inexistencia por falta de solemnidades en el testamento, y más bien deberá de ser atacado el mismo de ilícito, si es que el actor está preparado a acreditar que el mismo no se otorgó conforme a los requisitos que la ley establece como corréctamente señala el artículo 1491 del código.[91]

Mientras tanto, el testamento surtirá cabalmente sus efectos, declarará herederos, cumplirá con deberes que no se extinguen con la muerte.

De ser en efecto el testamento un acto solemne, ni siquiera sería posible que a la muerte el autor el mismo fuera susceptible de surtir algún efecto ya que en términos legales, el acto jurídico inexistente no surte efecto legal alguno, de tal forma, que la ley ni siquiera requiere de declaración judicial como si lo hace para el caso de la nulidad absoluta.

Por tanto no hay solemnidad en el derecho privado.

Y sería mas correcto hablar de actos jurídicos privados de orden público. (No confundir con actos de derecho público, ya que dichos actos son, como he señalado con anterioridad, de derecho público. El acto de derecho público implica ser además actos de orden e interés público, pero no todos los actos de derecho privado son de orden público. Solo los anteriormente señalados.

---

88 Asprón Pelayo Juan Manuel *Sucesiones 3ª ed. México, McGraw Hill, 2008.*

89 Flores Carrillo, *op. cit.*, nota 67, pág. 147.

90 *Ibidem*, pág. 172.

91 *Ibidem*, pág. 135.

Contreras López[92] siguiendo por supuesto a Gutiérrez y González, da un catálogo completo de una serie de actos que ella considera solemnes. Pero todos y cada uno de ellos, los que no se han explicado ya, son actos de derecho público en tanto que son actos procesales.

Y todos los actos de derecho público decíamos anteriormente, son solemnes, no solo aquellos que la autora citada refiere.

Los requisitos de validez del acto jurídico en el Código Civil para el Distrito Federal.

De acuerdo con el artículo 1795[93] del código, los elementos de validez de los actos jurídicos son cuatro:

a) La capacidad legal de las partes

b) Ausencia de vicios del consentimiento

c) Licitud en el objeto motivo o fin

d) Forma legal cuando así lo requiera la ley.

También el referido dispositivo normativo prescribe que el contrato puede ser invalidado ante la ausencia de cualquiera de los requisitos anteriormente descritos.

Todos los actos jurídicos se entienden eficaces desde el momento mismo de su formación. Así se desprende del contenido de la primera parte del artículo 1796[94] del código analizado, que señala que por regla general los contratos se perfeccionan por el mero consentimiento excepto los que deben de revestir una forma especial, y que desde que se perfeccionan obligan a las partes no solo a lo pactado, sino a las consecuencias propias de la naturaleza del acto celebrado y a la buena fe.

Lo anterior significa que todos los actos jurídicos se entienden celebrados de buena fe, con ánimo de producir los efectos de derecho deseados desde el primer momento.

O lo que es lo mismo, los actos celebrados con mala fe, al pretender la filosofía que da origen a la norma una esencial bondad o moralidad en el ser humano, resultan excepcionales y por tanto, quien pretenda

---

92 Contreras, *op. cit.*, nota 82, págs. 389-395.

93 Flores Carrillo, *op. cit.* nota 67, pág. 147.

94 *Ibidem,* pág. 148.

despojar al acto de los efectos jurídicos que carga, deberá ante todo acreditar esa mala fe en que dicho acto se encuentra inmerso.

En términos de lo dispuesto por el artículo 2228 del código capitalino, la falta de capacidad conlleva como sanción la declaración de nulidad relativa. O lo que es lo mismo, el acto celebrado por quien no cuenta con capacidad de ejercicio para actuar resulta ser convalidable, la acción de nulidad es prescriptible y solo es además invocable por el mismo incapaz.

En un análisis hermenéutico de la norma concluimos entonces que el acto celebrado por un incapaz no es en realidad invalidable, sino más bien convalidable. En esa razón existe la teoría de los actos ultra vires para calificar las facultades de los representantes, la teoría de la apariencia y el advenimiento de la mayoría de edad.

Más aún, el incapaz requiere que la acción de nulidad en todo caso sea intentada por quien tenga la tutela, la patria potestad o sea designado por el juzgador como tutor especial, ya que si bien la acción en términos de legitimidad le pertenece, no puede ejercerla por sí mismo.

Pero si la ejerce, basta que el menor de edad llegue a los dieciocho años para que el acto automáticamente se tenga por convalidado o confirmado en términos de lo señalado por el artículo 2233[95] del cuerpo normativo analizado, lo que llevado al mundo real puede resultar mas pernicioso que valioso. El menor que ha sufrido una pérdida en su patrimonio por un actual infiel de un representante debería tener la posibilidad de anular el mismo en cualquier momento, no por ser un recién capaz, sino porque los actos afectan normas de orden público.

Ni siquiera deberían caber, en el anterior sentido, los plazos y las condiciones del 638,[96] sino que; ante la posibilidad de acreditar la ilicitud en la formación original del acto, el mismo debería de ser susceptible de ser destruido a través de la denominada nulidad relativa.

No omito razonar que el procedimiento de sanción es prácticamente imposible en su realización, ya que el artículo 2236[97] del Código Civil para el Distrito Federal, señala que la acción de nulidad fun-

---

95 *Ibidem*, pág. 172.
96 *Ibidem*, pág. 91.
97 *Ibidem*, pág. 172.

dada en incapacidad deberá de intentarse en los plazos establecidos en el artículo 638 del mismo cuerpo normativo.

El artículo 638 se encuentra reglamentado en el capítulo relativo a la interdicción, y cuyo antecedente de procedencia se encuentra en el artículo 635 que señala la nulidad de actos de administración y contratos celebrados por incapacitados sin autorización del tutor

El artículo referido no indica que tipo de nulidad, pero es claro que es la del Código de 1884[98] que con una mejor técnica legislativa señala en su artículo 511 como nulos de pleno derecho, los actos de administración celebrados por los menores de edad y demás sujetos al estado de interdicción, antes del nombramiento del tutor si la minoría de edad o la interdicción son evidentes al momento de celebrarse dicho acto.

El artículo 638 a que el 2230 remite, señala que la acción de nulidad prescribe en los términos en los que prescriben las acciones personales o reales según la naturaleza del acto cuya nulidad se pretende, lo que parecería funcionar para el caso de interdicción pero no de incapacidad, me explico.

La acción de nulidad es una acción personal porque se refiere a la destrucción de la celebración de un acto jurídico en términos de lo dispuesto por el artículo 25 del código de procedimientos civiles para el Distrito Federal[99] que señala que éstas se deducirán para exigir el cumplimiento de una obligación personal, ya sea de dar de hacer o no hacer.

Por su parte, el artículo tercero[100] del código adjetivo para la Ciudad de México señala que con las acciones reales se perseguirán los derechos reales, la petición de herencia o la declaración de libertad de gravámenes reales; es decir, derechos que no tienen su origen en actos jurídicos.

Y esto es tan claro, que es criterio definido por contradicción de tesis de nuestra Corte Suprema, identificada con el número de registro 173412 de la novena época y cuyo rubro reza: Acción reivindicatoria. Es improcedente si se intenta contra quien detenta la posesión que de-

---

98 Batiza, *op. cit.*, nota 73, pág. 482.

99 Flores Carrillo, *op. cit.*, nota 67, pág. 253.

100 *Ibidem*, pág. 251.

riva del vínculo matrimonial celebrado bajo el régimen de separación de bienes, por lo que debe ejercerse la acción personal basada en la disolución de ese vínculo.[101]

En consecuencia, la nulidad por falta de capacidad requiere de una mejor reglamentación para cumplir con un cometido filosófico jurídico, de otra forma, es letra muerta en la norma positiva.

Quienes tan solo gozan de capacidad de goce, a diario realizan actos jurídicos válidos por lo que lo adecuado es, regular aquellos actos que por su gravedad, dichos incapaces no serían capaces de realizar por si mismos de forma especializada, dejando todos los demás en una regla general como válidos dentro de los cuales se incluyen la posibilidad de celebrar compraventas para allegarse bienes de primera necesidad o incluso obligar al fiado de ser necesario.

La celebración de actos de familia como el matrimonio, el reconocimiento de hijos, o la adopción deberían reservarse a mayores de edad.

Los actos jurídicos patrimoniales inmobiliarios o que signifiquen comprometer el patrimonio del menor serían realizables por cualquier persona física o moral sin importar su grado de capacidad, pero siempre que se requiera en términos de lo dispuesto por el artículo 1796[102] del Código Civil capitalino, de una formalidad especial que requiera de la intervención de un fedatario, el menor de edad, o el incapacitado por sentencia judicial requerirá de la representación de sus padres o tutores, para actos de administración que mantengan o incrementen su patrimonio y seguir manejando el procedimiento de licencia de venta para actos de dominio como lo disponen los artículos 436 y 561[103] del Código Civil.

Así mismo, los actos jurídicos de disposición patrimonial post mortem conocidos como testamento, deberán quedar reservados a quienes adquieren capacidad de ejercicio. No existe una razón lógica o jurídica que establezca una excepción a la regla general de capaci-

---

101 Tesis 173412, *Semanario Judicial de la Federación y su Gaceta,* Novena Época, T. XXV, feb. 2007, pág. 40.

102 Flores Carrillo, op. cit. nota 67; pág. 148.

103 *Ibidem,* págs. 74 y 86.

dad que permita testar a los 16 como lo señala la fracción I del artículo 1306[104] del Código Civil capitalino.

Así mismo, no se justifica el contenido de lo dispuesto por el artículo 1307[105] del multicitado cuerpo normativo, ya que el notario no cuenta con imperio para determinar, aún con la asistencia de profesionales, la capacidad de un interdicto en un periodo de lucidez para poder testar, por lo que dicho dispositivo deberá de desaparecer.

La interdicción es una limitación de capacidad debídamente declarada de forma judicial en forma, que en últimas fechas parece condenada a desaparecer para dar lugar a institucionas mas empáticas en términos de capacidad, como lo es la Convención sobre los derechos de las personas con discapacidad[106] cuyos criterios han sido tomados por nuestra Corte Suprema en ya diversas ejecutorias, como la marcana con el registro digital 2019961 y cuyo rubro reza: *PERSONAS CON DISCAPACIDAD. LA FIGURA DE "ESTADO DE INTERDICCIÓN" NO ES ARMONIZABLE CON LA CONVENCIÓN SOBRE LOS DERECHOS DE LAS PERSONAS CON DISCAPACIDAD,*[107] y que en esencia señala que la capacidad jurídica es un atributo universal inherente a todas las personas en razón de su condición humana y no existe ninguna circunstancia válida que permita privar a una persona del derecho al reconocimiento como tal ante la ley.

En razón de lo anterior, el concepto de nulidad relativa está de más en nuestro derecho y podría eliminarse para este rubro específico dejando tan solo un equivalente a la nulidad absoluta como hago la propuesta en el capítulo correspondiente, atendiendo como tal tan solo a la legalidad.

---

104 *Ibidem*, pág. 126.

105 *Idem*

106 *Convención sobre los derechos de las personas con discapacidad, http://www.un.org/esa/documents/tccconvs*

107 Tesis 2019961, *Semanario Judicial de la Federación y su Gaceta,* Décima Época, T. II, may. 2019, pág. 1261.

LOS VICIOS DE LA VOLUNTAD

Llegando al tema correspondiente a los vicios de la voluntad es importante resaltar la doctrina más aceptada que al parecer alimenta nuestro sistema jurídico.

Borja Soriano en su celebérrima Teoría de las Obligaciones[108] habla de los vicios de voluntad a través de la siguiente clasificación:

El error, que se clasifica a su vez en:

- Error obstáculo
- Error de hecho
- Error de derecho
- Error indiferente

Después tenemos al dolo y a la mala fe, como sub especies o mejor dicho, causas del error la primera y auxiliar del mismo la segunda.

Y por último la violencia

Y como un capítulo aparte, Borja, y la generalidad de la doctrina, trata a la lesión.

El código civil se ocupa de ella en la parte general y no como vicio de la voluntad.

El error

Como hemos señalado, en la doctrina el error se clasifica en cuatro categorías distintas:

- Error obstativo u obstáculo o destructivo de la voluntad.
- Error de hecho
- Error de derecho
- Error indiferente.

Esa clasificación está mal construida por las razones siguientes: En primer lugar, por lo que se refiere al error obstáculo nos dice la doctrina mas influyente[109] que dicho vicio del consentimiento es en

---

108 Borja Soriano, *op. cit.*, nota 53, págs. 214-238.

109 Sánchez Medal Ramón, *De los contratos civiles*, 13ª. ed. act., México, Porrúa, 1994; pág. 28.

realidad ausencia del mismo (del consentimiento), no que el mismo se encuentre viciado y es identificable en dos circunstancias; en el caso del llamado *error in corpore,* y el llamado *error in negotio;* siendo el primero error en el objeto-cosa del contrato; como cuando el comprador cree estar adquiriendo una fina, cuando en realidad adquiría la de al lado, y el segundo, es un error sobre la calidad del acto jurídico celebrado como cuando alguien transfiere una cantidad de dinero en donación y el donatario en realidad considera estar recibiendo un préstamo. En consecuencia, deja de ser posible referirse al mismo como *error* para técnicamente, de forma correcta señalarlo como *ausencia del consentimiento.*

No es que el consentimiento se encuentre viciado sino que no existe y dicho error es identificable en dos circunstancias; cuando hay un error en la naturaleza del contrato y cuando hay un error en la identidad del objeto por lo que deja de ser posible referirse al mismo como *error* para técnicamente señalarlo como *ausencia del consentimiento.*

Y la ausencia del consentimiento debe de aparecer clasificada como una inexistencia y no como un vicio de la voluntad.

En consecuencia, el error como vicio de la vountad que pudiera acarrear una especie de nulidad denominada como relativa por el legislador debe de desaparecer de nuestra normativa civil por ser inútil y por ser un punto de confusión en la teoría positivada.

Nada impide que actos jurídicos afectados por error surtan efectos por lo que el método de ataque de los mismos debería de ser a través de una nulidad absoluta por ilicitud, mas que asumir que algo que no esta surtiendo efectos jurídicos los esté surtiendo a pesar de la ley.

Es ocioso de igual forma clasificar entre error de hecho y de derecho ya que la norma positiva no realiza jamás esa distinción ni le da efectos diferentes.

En efecto, el artículo 1813[110] del Código Civil señala que "el error de derecho o de hecho invalida el contrato..."

La ley no distingue efectos especiales en tratandose de error de hecho o de derecho sino que a ambos errores les asigna el mismo tratamiento, por lo que resulta absurdo hacer una clasificación que

---

110 Flores Carrillo, *op. cit.*, nota 67, pág. 149.

es inútil en su implementación, máxime si consideramos que estamos frente a una eventual sanción, es decir, un acto de violencia a los derechos de particulares adquiridos a través de la exteriorización de la voluntad al celebrar un acto jurídico.

Ahora bien, el dispositivo normativo invocado, de construcción compleja resulta ser por un fenómeno de sobreregulación, excesivo en sus requisitos y por tanto inaplicable.

En efecto, en términos de lo dispuesto por los artículos 14 y 16[111] constitucionales, a nadie se le puede molestar en sus derechos adquiridos, sino es por una orden por escrito de la autoridad competente que funde y motive la causa legal del procedimiento.

Del mismo modo, la sanción debe de referirse en una conducta descrita de manera previa en la ley aplicable y contener todos y cada uno de los elementos dados en dicha descripción.

Tal es el caso, la declaratoria de nulidad de un acto jurídico sin importar su causa de procedencia es en esencia un acto de molestia pues destruye los derechos, y los efectos de los mismos creados por la realización de un acto jurídico a favor de una persona determinada.

En consecuencia es necesario agotar los requisitos previstos en el citado artículo 1813[112] para la procedencia de la acción de nulidad relativa por error de hecho o de derecho en la celebración de un acto jurídico, los cuales son a saber:

1. Que el error de hecho o de derecho recaiga en el motivo determinante que llevo a la parte actora a celebrar el mismo, sea que el mismo se sepa al momento de celebrar el acto, sea que conste de forma expresa en el contrato.
2. Que la acción se ejercite dentro de los sesenta días contados siguentes a la celebración del acto, ya que es imposible que sea de otra forma en razón de la mala redacción y remisiones realizadas por el legislador al momento de redactar el artículo 2238, ya inserto el título sexto de la primera parte del libro IV del código civil capitalino, título completamente nuevo ya que no

---

111 Cárdenas Jaime *et. al.*, *op. cit.*, nota 24, págs. 66 y 70.

112 Flores Carrillo, *op. cit.*, nota 67, pág. 149.

existía en los códigos anteriores de 1884 y de 1870,[113] mismo señala que la acción debe de ejercitarse en los plazos señalados por el artículo 638 del mismo cuerpo normativo, referente al estado de interdicción y que establece que la acción de nulidad debe de intentarse en los plazos en los que prescriben las acciones personales o reales según la naturaleza del acto cuya nulidad se pretende, sin reparar que estamos frente a actos jurídicos y no frente a las causas que dan origen a dichas acciones.

En efecto, de acuerdo con lo dispuesto por el artículo tercero del código de procedimientos civiles para el Distrito Federal, por las acciones reales se reclamarán: la herencia, los derechos reales o la declaración de libertad de gravámenes reales. Se dan y se ejercitan contra el que tiene en su poder la cosa y tiene obligación real, con excepción de la petición de herencia y la negatoria.

Por otro lado, el artículo 25 del mismo cuerpo normativo señala que las acciones personales se deducirán para exigir el cumplimiento de obligaciones de dar, hacer o no hacer.

Tal vez entonces la crítica que deba hacerse, es la misma que debería de hacerse a la causa primigenia de nulidad, esto es; a la nulidad de los actos jurídicos de administración y contratos celebrados por los incapacitados sin la autorización de su tutor. Las acciones reales se refieren a la posibilidad que tiene una persona con derecho a reclamar herencia derechos reales y reclamación de libertad de gravámenes.

En virtud de la naturaleza perpetua de los derechos reales[114] que se persiguen en el rubro que nos ocupa, dichas acciones son imprescriptibles.

Ni siquiera vale la circunstancia de que al final del dispositivo que fundamenta las acciones reales, el legislador señale que en las mismas no se incuirá la petición de herencia, ya que al final, esta se convierte en una acción personal en términos de lo señalado por el artículo 25 procesal ya que constituye una obligación de dar.

Por otro lado, en efecto el artículo 25 mencionado se refiere a obligaciones de dar, hacer o no hacer, es decir; propiamente el objeto

---

113 Batiza, *op. cit.*, nota 73, pág. 970.

114 De la Mata Pizaña Felipe y Garzón Jiménez Roberto, *Bienes y derechos reales*, 2ª. ed., México, Porrúa, 2007, pág. 30.

de las obligaciones y en realidad atiende al incumplimiento de las mismas, por lo que al referirse la norma explorada, el artículo 638 del Código Civil que la acción para pedir la nulidad prescribirá en los mismos plazos en que prescriben las acciones reales o personales según sea el caso, pues su aplicación resulta imposible ya que no estamos en ninguno de los casos analizados.

Pretendemos anular un acto jurídico celebrado por error o falta de capacidad, no reclamar herencia, derechos reales o declaración de libertad de gravámenes, o el cumplimiento de una obligación de dar, hacer o no hacer por lo que constitucionalmente no es una norma adecuada para exigir la consecuencia que preve.

Ahora bien, en tratándose del vicio de voluntad denominado error, ya sea de hecho o de derecho, el propio artículo 2236, remata señalando que en todo caso, el plazo son los sesenta días a que me referí líneas arriba, es el término de prescripción de la acción de nulidad relativa siempre que el error se conozca antes de que transcurran dichos plazos.

Y bueno, no podría el actor ejercitar la acción sin que la causa de nulidad se conozca. En consecuencia, el dispositivo normativo se encuentra tan intrincado, que resulta de imposible aplicación en la vida real.

Por otro lado, está el llamado error accidental[115] que no anula el acto. El artículo 1814 del Código Civil señala que el error de cálculo solo da lugar a la rectificación. Quizá dicho dispositivo deba de manenerse en los requisitos de formación del acto, pero no como parte de un vicio del consentimiento que hemos acreditado, en realidad no lo es.

Por lo que se refiere a la mala fe y al dolo, dichos vicios ni siquiera merecen un capítulo aparte ya que en el derecho positivo siguen los mismos derroteros del error.

El artículo 1815[116] se limita a dar una definición del dolo y otra de la mala fe.

---

115 Galindo Garfias, *op. cit.* nota 55, pág. 231.
116 Flores Carrillo, *op. cit.* nota 67, pág. 149.

El 1816[117] señala que el dolo o mala fe de una de las partes anula el contrato si ha sido la causa determinante del mismo. Del mismo modo, el dolo proveniente de un tercero.

El 1816 señala que si ambas partes procedieron con dolo, ninguna de las dos tiene el ejercicio de la acción de nulidad. Es el principio *nemo auditor propriam turpitudinem allegans.*

Sin embargo, la norma no señala los plazos para el ejercicio de la acción, ni siquiera de forma deficiente como en el caso del error, por lo que considero que en tanto ambos vicios no son mas que una causa de error como lo señala el 1815, entonces, habría que aplicarle el mismo sistema que al error de hecho o de derecho a que se refiere el 1813; con las mismas críticas realizadas anteriormente.

La violencia

El artículo 1818[118] del Código Civil para el Distrito Federal señala que es nulo el contrato celebrado por violencia, ya provenga ésta de alguno de los contratantes, ya de un tercero interesado o no en el contrato.

El artículo siguiente delimita las conductas que el legislador considera como violencia. Es un artículo definitorio.

Hasta aquí todo bien. En efecto, el actuar de forma violenta para obligar a otro a celebrar un acto jurídico debería de anular dicho acto.

Pero esa nulidad en términos del sistema adoptado por el legislador del 28 debería de ser una nulidad absoluta en tanto que la conducta descrita admite la calidad de hecho ilícito en términos de lo señalado por el 1830 del mismo cuerpo normativo.

Es ilícito el hecho que es contrario a las normas de orden público y las buenas costumbres señala el dispositivo invocado, mismo que aún y cuando me parece de redacción también decimonónica, abierta y deficiente, parece suficiente para ser definitorio de la violencia como una causa que anula al acto, ya que mas allá de lo que señala la fracción IV del artículo 1794,[119] la conducta violenta es el ilícito en sí mas allá

---

117 *Idem.*

118 *Idem.*

119 *Ibidem*, pág. 147.

del objeto, el motivo o el fín, o incluso la condición en términos de lo dispuesto por el artículo 2225.[120]

Y es que no podría ser de otra manera. El sistema de nulidades debe de construirse de manera tal que el derecho impida que actos contrarios a derecho, o bien actos obtenidos a través de conductas contrarias a derecho, puedan ser destruidos al ser invocada la nulidad por quien sea capaz de acreditar un interés jurídico.

Así como para el caso de la absoluta, no debe de estar la acción sujeta a un plazo de prescripción ni ser confirmable ni convalidable en caso alguno, pues es interés del derecho que actos emanados de ilicitudes sean incapaces de prosperar. Desalentar al criminal que pretende defraudar a través de la simulación y hacer que la igualdad esencial entre las partes prevalezca.

Sin embargo, el legislador le da a este hecho ilícito denominado violencia tratamiento de vicio de la voluntad y lo sanciona como nulidad relativa.

En efecto, el artículo 1823[121] permite a quien ha sufrido de la violencia en la celebración del acto jurídico, ratificar el mismo, por su parte, el 2237[122] señala el plazo de seis meses contados a partir del momento en que la violencia hubiere cesado, para tener la acción correspondiente como prescrita.

Lo anterior es un error del legislador, ya que lo que hace es establecer una excepción a la regla general, de acuerdo con la cual, el acto nulo absoluto por ilicitud, capaz de surtir efectos de manera provisional en razón del principio de la buena fe ya expuesto, no es susceptible de valer por confirmación ni prescripción, y es de manera tal grave, que el patrimonio de la acción no es de las partes, sino de cualquiera capaz de acreditar un interés jurídico para solicitar la declaración de nulidad del acto.

La violencia no es por tanto un vicio de la voluntad. Esta conucta está mal clasificada. La violencia es un hecho ilícito y los actos jurídicos arrancados por violencia deberán de ser susceptibles de ser declarados como nulos absolutos.

---

120 *Ibidem*, pág. 172.
121 *Ibidem*, pág. 149.
122 *Ibidem*, pág. 172.

En mérito de lo expuesto, los vicios de la voluntad son hoy solamente dos, el error y la violencia, toda vez que en términos de ley, la mala fe y el dolo, son consecuencias del mismo error, como hemos expuesto, además de que no tienen reglamentación propia.

En efecto, los artículos que hacen referencia tanto al dolo, esto es, 1815, 1816,1817,[123] no establecen un sistema de sanción, como si lo pretende hacer la ley por lo que se refiere al error.

El artículo 1817, que señala que si el dolo es la causa determinante del acto, anula éste, sin señalar plazos o circunstancias, por lo que en concepto del suscrito se torna inaplicable.

La ley jamás se ocupa de la mala fe.

La doctrina por su parte crea algunos nexos en las figuras señaladas y la jurisprudencia de la Corte hace doctrina calificada. Pero nada mas.

La lesión

Ciértamente, la lesión no es un concepto nuevo en la teoría general del acto jurídico, aún y cuando su recepción en la norma, de forma genérica si lo es, ya que anteriormente se encontraba circunscrita a casos especiales determinados por la ley, a lo que Domínguez Martínez denomina *contratos lesivos*[124]

La lesión, institución inspirada en los artículos 138 del código aleman, y 21 del código de las obligaciones[125] es admitida y sistematizada por primera vez en el Código Civil de 1928. Si bien es cierto, ya se habla de la misma en el artículo 385 del código de comercio,[126] de mayor edad que el civil, también lo es, que dicho artículo no define las características que lesionan la generación de la voluntad de alguna de las partes, como si lo hace el artículo 17 del Código Civil, además de que las causas en las que funda dicha institución son diferentes a las civiles ya que en materia mercantil la ley habla de actuar con fraude o malicia en la celebración del contrato o su cumplimiento, y tan solo

---

123 *Ibidem*.

124 Domínguez, *op. cit.*, nota 60. pág. 95.

125 Sánchez Medal, *op. cit.*, nota 146, pág. 7.

126 Mondragón Pedrero Alberto Fabián, *Código de comercio*, México, Porrúa, 2020, pág. 122.

se concrerta a señalar que no habrá rescisión por existir esta conducta, dando al perjudicado, acción criminal y acción de reclamación de daños y perjuicios.

El texto original del artículo 17 del código civil establecía como sanción por la conducta lesiva, la posibilidad de que el perjudicado solicitase la rescisión del contrato, y solo en el caso de ser esta imposible, la reducción equitativa de la obligación.[127]

La reforma del 30 de septiembre de 1984, misma que inicia su vigencia al día siguiente, modifica la sanción anterior transformando la misma en una acción de nulidad, estableciendo además la facultad del perjudicado a optar entre la nulidad o la reducción proporcional de las prestaciones, contrario a lo que Dominguez[128] sostiene.

Lo anterior no deja de ser confuso, no obstante que según Domínguez, la doctrina especializada saludó dicha reforma[129] afirmando que la nulidad sustituyó en buena hora la rescisión, toda vez que si bien es cierto, por ambas instituciones se destruyen los efectos del acto agredido, acompañando ello con la restitución de prestaciones en cuanto esto sea viable, la nulidad se da en función de un defecto del acto jurídico y la rescisión se genera por un incumplimiento de alguna de las partes.

No obstante, el legislador de la LII legilatura tan solo se ocupó de la conceptualización genérica de los contratos lesivos, haciendo permanecer los casos específicos intocados y susceptibles de ser rescindidos y no anulados.

En efecto, el artículo 2142[130] del código civil, relativo a la existencia de defectos no ostensibles en la cosa vendida, faculta al perjudicado a pedir la rescisión y no la nulidad del contrato. Del mismo modo, el artículo 2260[131] referente a las compras del acervo, da al perjudi-

---

127 Andrade, *op. cit.*, nota 58, págs. 7-8.

128 Domínguez, *op. cit.* nota 60 pág. 106. El autor señala que el perjudicado hasta la fecha de la reforma podía demandar, ya la reducción de las prestaciones, ya la rescisión del contrato lo que no es exacto como lo hemos planteado pues el texto original del artículo 17 establece la posibilidad de reducir prestaciones solo ante la imposibilidad de rescindir.

129 *Ibidem*, pág. 107.

130 Flores Carrillo, *op. cit.*, nota 67, pág. 148.

131 *Idem*.

cado por recibir especies de menor calidad la acción de rescisión y no de nulidad.[132]

Continúa Domínguez explicando que en realidad, los contratos lesivos continúan reconociendo al perjudicado la posibilidad de ejercitar la acción de rescisión

El código civil escribe un discurso político mas que una norma abstracta como debería de ser en términos del pensamiento de Bentham.[133]

En todo caso, el contrato lesivo debería de ser conceptualizado como un hecho ilícito. No es que exista un incumplimiento en su formación, sino que la voluntad se ve afectada al estar en términos de los ejemplos señalados, adquiriendo bienes diferentes a los que en realidad se buscan, pero con el añadido de un dolo contractual por parte del enajenante, lo cual resulta ser evidentemente contrario a las normas de orden público y a las buenas costumbres. La sanción correcta es la nulidad y no la rescisión.

Pero existe, a nivel doctrinal en México y en otras latitudes, confusión sobre los términos.

En efecto. Mismo Domínguez señala que al girar en torno a las consideraciones principales de la lesión, es posible encontrarnos con conceptos que tienen, o por lo menos se les ha atribuido un signficado distinto, como lo es el de nulidad, en vez de rescisión a consecuencia de la lesión, y por otra parte, el hablar de resolución como un concepto general para el incumplimiento contractual mientras que en algunos supuestos concretos se le califica de rescisión.[134]

La exposición de motivos que justifica la necesidad de un nuevo código, señala con relación a la lesión, lo que es del tenor literal siguiente:

Se dio a la clase desvalida o ignorante una protección efectiva, modificándose las disposiciones inspiradas en los clásicos perjuicios de igualdad ante la ley y que la voluntad de las partes es suprema ley

---

[132] *Ibidem*, pág. 96.

[133] Bentham, Jeremías; *Tratado de legislación civil y penal*, Buenos Aires, Valleta, 2005, pág. 21.

[134] Domínguez, *op. cit.*, nota 60, págs. 96-97.

de los contratos, pues se comprendió que no todos los hombres, tan desigualmente dotados por la naturaleza y tan diferentemente tratados por la sociedad, en atención a su riqueza, cultura, etc. Pueden ser regidos invariablemente por la misma ley, y por eso se dispuso que cuando alguno, explotando la suma ignorancia, notoria inexperiencia o extrema miseria del otro, obtiene un lucro excesivo que sea además desproporcionado con lo que su parte se obliga, el perjudicado tiene derecho de pedir la rescisión del contrato, y cuando esto no sea posible, la reducción equitativa de su obligación durando este derecho un año.

El derecho de que se reduzca la obligación solo se tiene cuando no es posible la rescisión porque se deseó disminuir los casos de aplicación del arbitrio judicial, y se limita a un año el plazo para el ejercicio de las acciones con el objeto de evitar los peligros que el abuso de este derecho puede ocasionar quebrantando la estabilidad de las transacciones".[135]

Por su parte, el proyecto de revisión al código del 28 señala:

> 4.- Se dio a la clase desvalida e ignorante una protección efectiva, modificándose las disposiciones inspiradas en los clásicos prejuicios de la igualdad ante la ley y de que la voluntad de las partes es suprema ley de los contratos. Se comprendió que los hombres tan desigualmente dotados por la naturaleza y tan diferentemente tratados por la sociedad

Así las cosas, el artículo 17 reformado del código es del tenor literal siguiente:

> Artículo 17. Cuando alguno, explotando la suma ignorancia, notoria inexperiencia, o extrema miseria de otro; obtiene obtiene un lucro excesivo que sea evidéntemente desproporcionado a lo que él por su parte se obliga, el perjudicado tiene derecho a elegir entre pedir la nulidad del contrato o la reducción equitativa de su obligación mas el pago de los correspondientes daños y perjuicios. El derecho concedido en este artículo dura un año.

Sin embargo, la lesión, como una de las causas que altera el concierto de voluntades, no contiene ninguna de las características anteriores.

---

[135] Borja Soriano, *op. cit.*, nota 53, pág. 14.

Para que la sanción alternativa reglamentada por la ley en el caso de lesión proceda, la víctima debe de ser capaz de acreditar que en la celebración de un acto jurídico, su consentimiento ha sido obtenido abusando de su suma ignorancia, notoria inexperiencia o extrema miseria.

Tomando en consideración algunos aspectos sociológicos tan de moda en nuestros días, además de inoperante el anterior artículo resulta ser profúndamente insultante y dicriminatorio de determinadas clases sociales, ya que para la procedencia de la acción de lesión no basta con ser ignorante, falto de experiencia o pobre; sino que hay que ser sumamente ignorante, notoriamente falto de experiencia o extremadamente miserable, ya que en términos constitucionales como he señalado anteriormente, el acto legal de molestia debe de estar basado en la norma y esta debe de ser aplicada de forma tajante.

No es la norma jurídica además el lugar propicio para insertar adjetivos calificativos a las calidades de la persona para la procedencia o no de una acción, pues la magnificación de dicha calidad vuelve imposible el ejercicio del derecho.

Es decir, el profesional del derecho, con nulos conocimientos de automovilismo o tecnología estará siendo lesionado cada vez que pretenda adquirir un automóvil o una computadora de última generación.

Y los menores en edad escolar, estarán siendo lesionados al adquirir con consentimiento de quien sobre ellos ejerza la patria potestad los distintos aditamentos para videojuegos que venden en linea al momento en que el aparato lúdico se desarrolla.

Y así, cada vez que un indigente compre un cigarro, sería lesionado.

Pero además hay que acreditar que los malvados comerciantes se valieron de las anteriores circunstancias para obtener un lucro desproporcionado, lo que termina de un plumazo con el libre albedrio.

Es decir; un reloj sirve para ver la hora, pero puede adquirir valores desde lo más ínfimo hasta lo mas exorbitante. Y a nadie se le ocurre demandar por lesión.

Pero tratando de hacer el análisis mas técnico, la lesión no es un vicio de la voluntad. No obedece a una falta de capacidad o de forma;

la consecuencia derivada de la acreditación cabal de sus elementos, es alternativa y optativa para la víctima, quien como en el caso del pacto comisorio, puede escoger entre la reducción equitativa de las prestaciones, o la rescisión del contrato, distinto al texto original del dispositivo analizado que establecía la posibilidad de la reducción equitativa de la obligación, únicamente si la rescisión es imposible.[136]

La lesión no es por tanto, un vicio de la voluntad, no genera en realidad una nulidad en el sistema adoptado actualmente por nuestra legislación común, y no veo su aplicación práctica en la realidad por la dificultad conceptual de cumplir con los requisitos de procedencia dados por el legislador.

El actual artículo 17 del código sustantivo se antoja mas un discurso político divisor y enfrentador de las personas que una norma jurídica. Es imposible de abstraerse en la generalidad de las de su clase y solo genera confusión, con lo que respondo la octava hipótesis de las que componen el aparato crítico de la presente tesis.

La lesión, es un hecho ilícito y valdría la pena incluirla e los de su clase despojada de sus adjetivaciones admitiendo que el acto lesivo no lo es exclúsivamente el reglamentado por el artículo 2259 u otros, sino en general, cualquier conducta realizada de mala fe tendiente a obtener un desequilibrio desproporcionado injusto en la relación contractual.

Es inútill mantener las figuras anteriormente descritas en la normatividad sancionadora en razón de su falsa clasificación y su inaplicabilidad funcional en el mundo real.

La forma

La forma se define como la manera en la cual se exterioriza el consentimiento.[137] Del mismo modo, la doctrina ha clasificado a la forma en los siguientes rubros:

- Consensual en oposición a formal
- Formal en oposición a consensual

---

136 Andrade, *op. cit.*, nota 58, págs. 5-6.

137 Peña Oviedo Victor *Obligaciones civiles*, México, Editorial Flores, 2017, pág. 392.

- Real
- Solemne

La anterior clasificación parte de la normatividad que de alguna manera da vida a la mayoría de la teoría del contrato, esto es el artículo 1796 del Código que a la letra señala:

Artículo 1796.[138] Los contratos se perfeccionan por el mero consentimiento, excepto aquellos que deben revestir una forma establecida por la ley…"

Los elementos del artículo citado son los siguientes:

1. Una regla general: Los contratos se perfeccionan por el mero consentimiento.
2. Una excepción: Aquellos en los que la ley exige una forma específica.

Además es importante hacer notar que la norma analizada utiliza el término "perfeccionan" por lo que no es posible entender que por falta de la forma establecida por la ley un acto pueda ser invalidado como señala la fracción IV del artículo precedente.

En efecto, la norma analizada habla de p*erfeccionamiento* del contrato, no de *validez*, por lo que es claro que el legislador al redactarlo se quizo referir a que los contratos que no respetan la forma legal son imperfectos, pero no inválidos a pesar de lo que la desafortunada redacción que el artículo 1795 del código civil contiene.

Así se ve ratificado después de forma positiva por los artículos; 1797[139] que señala que: *La validez y el cumplimiento de los contratos no puede dejarse al arbitrio de uno de los contratantes*, 2014,[140] que reza: *En las enajenaciones de cosas ciertas y determinadas la translación de la propiedad se verifica entre los contratantes por mero efecto del contrato sin dependencia de tradición ya sea natural, ya sea simbólica; debiendo tomarse en cuenta las disposiciones relativas del Registro Público*, 2248 y 2249[141] que prescriben: *Habrá compraventa cuando uno de los contratantes se obliga a transferir la propiedad de una cosa o de*

138 Flores Carrillo, *op. cit.* nota 67, pág. 148.
139 *Idem.*
140 *Ibidem;* pág. 160.
141 *Ibidem;* Pág. 173.

un derecho y el otro a su vez se obliga a pagar por ellos yn precio cierto y en dinero. Y *Por regla general, la compraventa es perfecta y obligatoria para las partes cuando se han convenido sobre la cosa y su precio, aunque la primera no haya sido entregada ni el segundo satisfecho.*

Pero más aún, no existe un procedimiento legal establecido para destruir un acto jurídico en el que la forma legal no haya sido observada, si acaso; y a pesar de que el artículo 2228[142] del código, señala que la falta de forma produce la nulidad relativa del acto, el 2232[143] del mismo cuerpo normativo si establece un procedimiento, pero para dotar al acto jurídico de la forma omitida, acción conocida generalmente como *actio proforma.*

Es decir; siguiendo lineamientos constitucionales, garantías y derechos humanos del procedimento; no sería posible en la realidad destruir un acto jurídico legalmente realizado por la inobservancia de la forma prescrita por la ley, pero si es posible, en cambio, dotar a ese mismo acto de la forma omitida, lo anterior en razón del principio de conservación de los actos jurídicos, la seguridad jurídica de las partes y la inquebrantabilidad de los contratos.

Y no solo eso, lo anterior solo demuestra, que en efecto, los actos solemnes no existen en el derecho privado.

La forma por supuesto, existe por una razón y resulta importante mantener su regulación en ese sentido, la oposición frente a terceros de los actos jurídicos que así lo requieren por su naturaleza propia, pero de ninguna manera su inobservancia anula al acto.

Así lo ha considerado de igual forma nuestra Corte Suprema en los criterios jurispridenciales identificados con el rubro *Acción de usucapión ejercitada por el comprador en contra del vendedor (titular registral). Su procedencia*[144] el primero, y *Acción proforma y nulidad de contrato. sus diferencias (legislación del estado de puebla)*[145] la segunda.

---

142 *Idem.*

143 *Idem.*

144 Tesis 1ª/J. 61/2010, *Semanario Judicial de la Federación y su Gaceta*, Novena Época, t. XXXIII, abril de 2011, pág. 5.

145 Tesis VI.2º.C. J/31 (10ª.) *Semanario judicial de la Federación y su Gaceta*, Décima época, t. IV, enero de 2019, pág. 2045.

Ahora bien, el acto jurírido *genérico* es base y punto de partida de la teoría del acto jurídico, por lo que sus principios son aplkicables a los actos parocesales, administrativos, mercantiles y por supuesto, familiares con las excepciones que la misma norma jurídica señala al caso. Por suùesto, lo anterior fundado en lo dispuesto por el artículo 11 del código civil federal y para el Distrito Federal.

El acto jurídico en materia familiar o acto familiar

Diversos autores especializados han querido encontrar una serie de diferencias esenciales entre el genérico acto jurídico y el acto especializado en materia familiar.[146]

En efecto, Chávez Asencio[147] afirma que últimamente la doctrina ha dedicado atención a la posible integración de diversos actos de la esfera de derecho familiar, en una eventual categoría que el autori denomina acto jurídico familiar.

Declara Chávez que algunos autores señalan diferencia entre los actos genéricos y el especializado que me ocupa, aceptando en consecuencia la existencia de negocios jurídicos familiares como los esponsales el matrimonio y su disolución y los actos relativos a la creación y destrucción de lazos familiares.

Continúa Chávez señalando que en Argentina, la doctrina ha hecho aportaciones a la configuración de éste acto jurídico familiar.

El nuevo Código Civil y Comercial de la Nación, legislación vigente en la República Argentina ha adoptado los conceptos señalados, en primer lugar al no prohibir expresamente los esponsales, sino únicamente a restarles efectos[148] por un lado, y por otro, al establecer una

---

146 En lo subsecuente y sin más ánimo que el de simplificar el concepto, me referiré a ésta institución exclusívamente como "acto familiar", omitiendo los demás adjetivos usados en el mismo.

147 Chávez Asencio Manuel F. *La familia en el derecho*, México, Editorial Porrúa, 2007, págs. 256-260.

148 Artículo 401. Esponsales Este Código no reconoce esponsales de futuro. No hay acción para exigir el cumplimiento de la promesa de matrimonio ni para reclamar los daños y perjuicios causados por la ruptura, sin perjuicio de la aplicación de las reglas del enriquecimiento sin causa, o de la restitución de las donaciones, si así correspondiera.

forma especial de interpretar la ley (la misma ley dice como interpretar la ley) en materia de matrimonio.[149]

Diaz Guilarro[150] señala que son actos jurídicos familiares los actos voluntarios lícitos que tengan por fin inmediato el emplazamiento en el estado de familia o la regulación de las facultades emergentes en los derechos subjetivos familiares.

El concepto anterior me parece un poco redundante ya que para que podamos hablar de acto jurídico, la licitud es necesaria; decir acto jurídico lícito es redundante, bastaba con señalar solo acto jurídico, o quizá, "acto" de forma exclusiva".

De acuerdo con Chávez hay quienes opinan que no estamos frente a un acto especializado, Entre autores españoles, refiere Chávez, existe una tendencia a considerar al negocio jurídico familiar como algo propio, al afirmar que el matrimonio civil es un negocio jurídico de Derecho familiar idéntico a los esponsales, la reconciliación de los cónyuges, la adopción de mayor de edad y otros.

Diaz Picaso[151] refiere que que el negocio familiar es aquel acto de auonomía de las personas que tiene por objeto la constitución, modificación, extinción o reglamentación de una relación jurídica familiar. Señala que pueden hacerse clasificaciones de estos negocios atendiendo a las naturaleza de las relaciones sobre las que el negocio incide.

En derecho italiano persiste la duda, sobre la base de que el reconocmiento de hijos es un acto voluntario en donde el aceptante no puede incidir en los efectos del acto, como si de un acto general se tratase.[152]

Cicu[153] señala que en derecho de familia, la teoria del negocio jurídico como tal planteada por el derecho privado, no tiene lugar.

Artículo 402. Interpretación y aplicación de las normas Ninguna norma puede ser interpretada ni aplicada en el sentido de limitar, restringir, excluir o suprimir la igualdad de derechos y obligaciones de los integrantes del matrimonio, y los efectos que éste produce, sea constituido por dos personas de distinto o igual sexo.

149 Chávez, *op. cit.*, nota 147, pág. 257.

150 *Idem.*

151 *Idem.*

152 *Ibidem*, pág. 258.

153 *Idem.*

Chávez concluye señalando que existe acto jurídico cuando hay una manifestación de voluntad, aunque ésta esté sensíblemente limitada como en derecho de familiapor el interés de la sociedad y la intervención del Estado. Esto hace según Chávez, que exista el acto jurídico familiar como títpico de esas relaciones, aun cuando no puede ni debe desligarse del acto jurídico que por definición aplica a todos, pero de aquí no se puede deducir que todos sean iguales, las diferencias hacen que unos sean patrimoniales y otros familiares, pero siempre serán actos jurídicos porque son producto del consentimiento libre.

Garzón y de la Mata[154] consideran también que existe un acto jurídico especializado en materia familiar, ya que las reglas contenidas en la primera partes del cuarto libro del código civil (teoría de las obligaciones) no pueden ser aplicadas llanamente a ninguna de las instituciones familiares.

Continúan Garzón y de la Mata señalando que la diferencia mas evidente del acto familiar, respecto del general, es interna; dado que si bien los efectos del acto jurídico son crear, transmitir, modificar y extinguir derechos y obligaciones normalmente de tipo patrimonial, en el derecho de familia, estas relaciones son, en muchas ocasiones, exentas de contenido económico.

Si bien, considero que el acto familiar es radicalmente diferente al acto genérico, difiero del concepto de los profesores ya que se basan en una estadísitica cuando las instituciones deben de clasificarse de manera genérica resaltando tan solo las excepciones.

En consecuencia, considero que la diferencia radica en el modo de su construcción y la categoría de sus consecuencias que en mayor o menor medida se alejan de las consecuencias propias del derecho civil como para el caso de las nulidades.

En efecto, la nulidad del acto implica la destrucción retroactiva de sus efectos a menos que del matrimonio se trate, en donde perviven determinados efectos porque su destrucción resulta mas nociva que la conservación de la misma.

---

[154] Felipe de la Mata Pizaña y Roberto Garzón Jiménez, *Derecho familiar* 4ª ed. Porrúa, México 2008, pág. 29.

El divorcio, es por tanto una forma especial de terminar un acto juridico especial, en realidad la razón fundamental por la que un amplio sector de la doctrina no considera que el matrimonio sea un contrato a pesar de contar con los elementos ya que su esrtructura orgánica es diferente, su modo de formación es especial y sus consecuencias y formas de teminación únicas con relación al resto de los actos jurídicos.

V. El matrimonio. Naturaleza jurídica y formación

El original Código Civil de 1928[155] no definió el matrimonio. No es sino hasta la reforma extraña que parte en dos el Código mencionado, y en virtud del cual nacen los Códigos Civiles para el Distrito Federal (Hoy Ciudad de México) y Código Civil Federal, que en el primero de los mencionados se define la institución como *la unión libre de un hombre y una mujer para realizar la comunidad de vida, en donde ambos se procuran respeto, igualdad y ayuda mutua con la posibilidad de procrear hijos de manera libre, responsable e informada. Debe celebrarse ante el juez del Registro Civil y con las formalidades que esta ley exige.*

Por supuesto el nuevo Código Civil Federal no realizó esfuerzo alguno por definir a la institución, ya que aún y cuando el legislador federal lo ha intentado, como he explicado anteriormente, la materia familiar es por mandato constitucional de carácter local en nuestro sistema, y el hecho de que permanezca en el Código Federal no es mas que un mero accidente ocasionado por la falta de aplicación al estudio y al método legal de los legisladores al operar en el año dos mil, los efectos de la reforma del Estado Previa que dotó al entonces Distrito Federal de autonomía legislativa en materia civil.

Es decir, ni la Asamblea local tenía ni tiene facultades para modificar leyes federales, ni el Congreso General mantiene la facultad original de legislar para todo lo concerniente al Distrito Federal o Ciudad de México, pues la fracción VI del artículo 73 de la Constitución Política, que preveía dicha posibilidad, fue derogado en razón de la reforma del Estado mencionada en el párrafo anterior para dotar a la Asamblea de dicha facultad, por decreto publicado el 25 de octubre de 1993 y reformado para dar lugar a la actividad legislativa local el 26 de agosto de 1996.[156]

---

155 *Código civil para el Distrito y Territorios Federales, en Materia Común, y para toda la República en Materia Federal*, México, sin editorial, 1928, pág. 16.

156 Morales-Paulín, *op.cit.* nota 35, pág. 140.

Fausto Rico *et al.*[157] Consideran que la definición legal es desafortunada en tanto que le da al matrimonio el tratamiento de una *unión libre*, términos que acabaría por confundir al intérprete y lo llevaría a pensar en el concubinato mas que en el matrimonio.

En efecto, como señalan el notario en retiro y sus coautores, parece que el legislador trató de eliminar toda referencia contractual a la institución matrimonial, entendido éste de que en efecto no estamos frente a un contrato. Sin embargo la crítica central gravita sobre el hecho de que si bien es cierto no definió el concepto de esa forma, tampoco lo hizo de ninguna otra.

Hay quienes opinan que es un acto jurídico como señalan Garzón y de la Mata,[158] o el maestro Rico[159] quienes señalan que desde un punto de vista general, el matrimonio reúne los caracteres de dicha institución ya que estamos frente a un acto voluntario encaminado a generar consecuencias de Derecho y que son producidas a través de la voluntad[160]

Considero que la institución no es un contrato a pesar de la opinión de Fernández Fernández[161] toda vez, que si bien es cierto, es un acuerdo de voluntades para crear derechos y obligaciones, también lo es que la anterior no es definición de contrato sino de convenio o de acto jurídico bilateral en todo caso.

Y los actos bilaterales como he señalado son aquellos en los que necesariamente hay dos o mas voluntades en opuesta y complementaria situación, como en la compraventa. Existe una persona que compra porque existe una persona que vende. Como puede apreciarse, las voluntades son contrarias, pero además de ser contrarias, las voluntades son complementarias ya que una de las partes quiere comprar y por tanto su complemento es una persona que quiera vender, no una que quiera rentar o prestar un servicio profesional.

No hay voluntades contrarias y complementarias en el matrimonio. La voluntad de ambos contrayentes es la misma, viaja en el mis-

---

157 Rico Álvarez, Fausto *et al*, *Derecho de familia*, 2a. ed., México, Porrúa, 2012, pág. 83.

158 De la Mata Felipe *et al. Op. cit.* Nota154, págs. 112-113.

159 Rico, *op. cit.* nota 157, pág. 84.

160 Íbidem, pág. 139.

161 Fernández, *op. cit.* Nota 5, pág. 37

mo sentido, parecería que por definición hablamos de un acto jurídico unilateral.

Y eso tampoco es exacto, pues siguiendo la vieja doctrina del maestro Manuel Borja Soriano,[162] los actos jurídicos unilaterales no son fuente de obligaciones. No tienen porque serlo. Son en muchos aspectos, puentes o herramientas para crear obligaciones a través de un método diverso, pero por si mismo no lo pueden ser. Así las cosas, el testamento es revocable, la oferta al ser aceptada se convierte en contrato que es un acto bilateral. La constitución del régimen de propiedad en condominio cambia la estructura jurídica de un inmueble, pero no genera o resta derechos y obligaciones a su titular.

Por otro lado, los actos jurídicos bilaterales son aquellos en los que existen dos o mas voluntades en opuesta y complementaria situación. Todos son convenios o contratos.

Así las cosas, el contrato de compraventa es un acto jurídico bilateral al haber dos voluntades opuestas y encontradas. Alguien compra porque otro vende.

Las voluntades son contrarias pues si todos quisieran comprar o vender no habría acto, y son además complementarias porque si alguien compra y otro renta, el acto jurídico no se forma por falta de coincidencia en las voluntades.

El matrimonio a pesar de ser un acto jurídico no puede ser bilateral pues si bien es cierto, existen dos voluntades en su formación, ambas se dirigen en un mismo sentido, como en los actos unilaterales.

Pero tampoco es un acto unilateral porque no requiere de una situación subsidiaria o complementaria para poder surtir efectos, sino que los surte inmediatamente.

En consecuencia, el matrimonio no es un acto unilateral ni bilateral.

El matrimonio no es una unión libre, no es un convenio, no es un contrato y no es un acto jurídico unilateral ni tampoco bilateral.

El matrimonio es un acto jurídico especializado en materia de familia con sus reglas propias y su sistema específico.

---

[162] Borja Soriano Manuel, *op. cit.* nota 53, págs. 301-304.

Así como otras figuras jurídicas. A saber, el derecho del tanto y el albaceazgo, el matrimonio no comparte naturaleza con ninguna otra. Ni siquiera con el concubinato. La naturaleza jurídica del matrimonio es la de ser un acto *sui géneris*, especializado y acotado al derecho de familia, formal y solemne capaz de generar derechos y obligaciones propias y con una forma especial de terminación dada por la misma norma.

VI. Divorcio. Evolución y concepto

Como he señalado en capítulos anteriores, el matrimonio no es sino un acto jurídico especializado en materia de familia con reglas y especificaciones propias en virtud de los derechos que genera.

En consecuencia, tampoco es posible aplicar al matrimonio las reglas generales para otros actos jurídicos contenidos en la legislación en materia de obligaciones.

El artículo 1797[163] del Código Civil señala que *ni la validez ni el cumplmiento de los contratos se puede dejar al arbitrio de una sola de las partes*, lo anterior se traduce como el principio de conservación de los actos jurídicos, en virtud del cual, el intérprete debe de buscar que todos los actos jurídicos surtan en la medida de lo posible sus efectos a pesar de sus posibles deficiencias, ya que además de lo exprésamente pactado por las partes, deberá estarse a las consecuencias propias del contrato y a la buena fe como lo señala el artículo 1796 del mencionado cuerpo normativo.[164]

Por su parte, el artículo 1136 del mismo cuerpo normativo dispone que *la liberación de obligaciones por no exigirse su cumplimiento se llama prescripción negativa.*

He aquí, que ninguna de las dos limitaciones son aplicables al matrimonio en tanto acto jurídico especializado en materia familiar.

No *prescriben* las obligaciones derivadas de la celebración del acto, ni se requiere consenso de las partes o incumplimiento siquiera para darlo por terminado.

Pero eso sí, de igual manera que para su formación, la terminación de la institución matrimonial requiere de un procedimiento especializado en materia de familia denominado divorcio.

Fausto Rico[165] da al divorcio la naturaleza jurídica de *ineficacia funcional.* Me parece un poco desafortunada la anotación del maestro ya que como he señalado, en tanto no es el matrimonio un acto jurí-

---

[163] Cruz Baney Oscar y Pérez Cuellar Martínez Alfonso, *op. cit.* Pag. 206.

[164] Ídem.

[165] Rico, *op. cit.*nota 157, págs. 235-237.

dico tradicional, no le son aplicables las reglas relativas a estos actos jurídicos.

El término institucional *ineficacia* significa *que no surte efectos* y ha sido ampliamente utilizado en por lo menos un acto especializado: el testamento[166] en donde el legislador se aleja de la doctrina tradicional de nulidad para hablar de ineficacia., en términos del ya derogado artículo 1520 del Código Civil capitalino.

Aquí entiendo la voz *ineficacia* como ausencia de efectos, y me parece que en especial en el matrimonio no podemos hablar de una pérdida de efectos jamás ya que determinado número de éstos pervivirán mas allá de la terminación del matrimonio. Alimentos, calidad de los hijos como de matrimonio, imposibilidades y prohibiciones para contraer matrimonio o heredar de los afines.

El divorcio no es una ineficacia. El mejor de los matrimonios, el mas *eficaz* puede terminar en divorcio, y los efectos jurídicos generados durante dicha relación matrimonial pervivirán algunos, como la calidad de hijos de matrimonio de la descendencia o los alimentos devengados y pagados, y otros supervivirán, como los alimentos no devengados que deban de pagarse aún después de terminado el matrimonio, los derechos de visita y demás aspectos.

El divorcio es la disolución del vínculo matrimonial dejando a las partes en aptitud para contraer nuevo matrimonio.

El divorcio siempre fue admitido en derecho romano aunque con mayor o menor grado de aceptación de acuerdo a la época. En derecho arcaico era, como para el caso del matrimonio, necesaria la celebración de determinados ritos que dejaran clara la intención de los cónyuges de dar por terminada su relación matrimonial que dicho sea de paso, era una mera situación de hecho.

A finales de la República, siendo el matrimonio, como he señalado una mera situación de hecho, bastaba que cualquiera de las partes

---

166 Cruz Baney Oscar y Pérez Cuellar Martínez Alfonso, *op. cit.* nota 2 pág 184. El texto original del artículo 1520 rezaba antes del 23 de julio de 2012, fecha en que fue derogado de la siguiente forma: "*Faltando alguna de las referidas solemnidades, quedará el testamento* **sin efectos** *y el notario será responsable de los daños y perjuicios e incurrirá además en la pena de pérdida de oficio.*"

quisiera no continuar con la unión matrimonial para que ésta se entendiera acabada.

Justiniano prohibió la separación conyugal por mutuo consentimiento y se sancionó a quien diera lugar al divorcio.

En el derecho canónico hay que distinguir entre las uniones contraídas por católicos y las entabladas entre no católicos, además de aclarar si el matrimonio es rato y consumado o bien rato y no consumado.

El matrimonio rato y consumado celebrado entre católicos es indisoluble por acción del hombre. Solo la muerte lo puede terminar.

Es posible la separación de cuerpos, subsistiendo siempre el vínculo matrimonial, para los casos de adulterio o cuando uno de los cónyuges ponga en peligro al otro o a alguno de los hijos, o bien se haga demasiado dura la vida en común.

El matrimonio rato y no consumado celebrado entre no católicos o en una relación mixta, es disolvible por el Papa siempre que medie una buena causa.

El matrimonio celebrado entre no católicos es disoluble en tres casos de forma independiente a su consumación.

El primer caso se refiere al ejercicio del privilegio paulino que permite a uno de los cónyuges contraer nuevo matrimonio si recibe el bautizo y su pareja se niega a recibirlo.

El segundo caso consiste en el ejercicio del derecho Pietrino, que presupone que una persona ha contraido matrimonio simultáneamente con otras y posteriormente recibe el bautizo, supuesto en el que podrá elegir a alguna de sus parejas.

El tercer caso permite que uno de los cónyuges contraiga nuevo matrimonio si recibe el bautizo y le es imposible restablecer la cohabitación con su pareja no católica por razones de cautividad o persecución.

El Código Napoleón previó como causas de terminación del matrimonio, la muerte, el divorcio y la condenación definitiva de uno de los cónyuges a pena que llevara consigo la muerte civil.

Éste ordenamiento regula tanto el divorcio como la separación de cuerpos, el primero disolvía el vínculo conyugal.

Las causales del Código napoléon son cuatro:

Adulterio

Excesos

Sevicia

Injurias graves.

Además de la condena a la pena de muerte civil, y el mutuo consentimiento.

En México, de forma independiente a la actual competencia, que es un tema de la Constitución Política de 1917, hemos tenido tres ordenamientos civiles vigentes que regularon a la materia de familia ya que el Código de Oajaca (así) de 1927 nunca entró en vigor

El Código de 1884 adoptó una linea conservadora señalando que solo la muerte disuelve el vínculo matrimonial. Permite igual que el derecho canónico la separación vincular por lo que la doctrina llamó a este acto *divorcio vincular.*

Posteriomente, una *Ley de divorcio vincular* del año 1914 materializa las ideas liberales de la época revolucionaria permitiendo la disolución de la unión matrimonial en tan solo dos artículos que en realidad lo que hacen es reformar otra ley reglamentaria de las adiciones y reformas a la constitución de 1857.

Conforme la citada ley, el divorcio vincular tiene tres causales:

Mutuo consentimiento

Razones que hacen imposible o indebida la realización de los fines del matrimonio

Faltas graves de alguno de los casados que hicieran irreparable la desavenencia de la pareja.

La celebre y famosa ley de relaciones familiares de 1917 admite el divorcio vincular previendo trece causales entre las cuales estaban el adulterio, la sevicia, las amenazas o injurias graves y el mutuo consentimiento.

El divorcio no fundado en el mutuo consentimiento solo era solicitable por el cónyuge inocente.

El Código de 1928 admite el divorcio vincular y originalmente estableció dieciocho causales.

Ésta ley previó dos vías para tramitar el divorcio: la judicial y la administrativa. El divorcio administrativo solo puede solicitarte por mutuo consentimiento, siempre que no existan acreedores alimentistas y la sociedad conyugal esté liquidada o el matrimonio se hubiera celebrado por separación de bienes.

Las causales se fueron modificando con el paso del tiempo. En diciembre de 1983 el legislador admitió la procedencia del divorcio si existe separación por mas de dos años sin importar el motivo que dio lugar a dicha separación. Este es a decir de Rico, el primer paso hacia el divorcio unilateral.[167]

Con la reforma de mayo del año 2000, el legislador clasificó el divorcio en voluntario y necesario.

Es voluntario si se solicita de común acuerdo por los cónyuges divorciantes.

Es necesario si se funda en alguna de las causales ya señaladas.

El primero se puede tramitar judicialmente o administrativamente en tanto que el segundo requiere de participación judicial.

Como he señalado en el desarrollo del presente libro, es en octubre de 2008, cuando tiene lugar la reforma mas trascendente a decir de Rico[168] en materia de divorcio. El divorcio por expresión unilateral, o divorcio sin expresión de causa.

La reforma consistió en eliminar las causales de divorcio y disponer que cualquiera de los cónyuges está en aptitud de demandar la terminación del matrimonio por el solo hecho de no querer continuar en la relación.

A decir de Arriaga González,[169] las reformas del los Códigos Civil y de Procedimeintos Civiles para el Distrito Federal se basaron en las del ocho de julio del dos mil cinco, contenidos en la ley 15/2005 de España.

---

[167] Rico, *op. cit.*nota 157, pág. 276.

[168] Ídem.

[169] Arriaga González Mónica Guadalupe. *El divorcio incausado en México*, México, Editorial Flores, 2015, pág. 23.

VII. El juicio de divorcio incausado en la Ciudad de México y en el Estado de México

DIVORCIO INCAUSADO EN LA CIUDAD DE MÉXICO

El artículo 146 del Código Civil vigente en el Distrito Federal, luego de su última reforma preceptúa que ***matrimonio es la unión libre de dos personas para realizar la comunidad de vida, en donde ambos se procuran respeto igualdad y ayuda mutua.***

A decir de Fernández Fernández,[170] el punto de partida es la libertad que tienen los contrayentes, para celebrar el matrimonio como sí de un acuerdo de voluntades se tratara con ciertos fines y en donde se adquieren obligaciones y derechos recíprocos.

Sin embargo, dice el investigador del Tecnológico de Monterrey, que el matrimonio es un verdadero contrato, lo que contraria lo expuesto por el suscrito líneas arriba por lo que critico el razonamiento del docente en la obra citada, señalando además que si bien es cierto, no existe disposición jurídica que señale una temporalidad, también lo es que un principio general de derecho es aquel que indica que nadie puede quedar obligado de forma eterna. De ahí la existencia de la figura de la prescripción que no es aplicable a la institución matrimonial, por lo que critico la concepción del profesor Fernández.

Aspecto importante del presente estudio es además, que el matrimonio, siendo un acto jurídico y no un contrato, no encuentra, y menos ahora, coincidencia con las causas que ponen fin a los contratos civiles.

En efecto, el artículo 1797 del Código Civil para el Distrito Federal señala que la validez y el cumplimiento de los actos jurídicos no puede dejarse al arbitrio de una sola de las partes.

Sin embargo, la reforma de 2008 permite la terminación unilateral del matrimonio a través del divorcio sin expresión de causa. Si en efecto el matrimonio fuese un contrato, no sería posible imponerle la

---

170 Fernández, *op. cit.* nota 5, pág. 37.

restricción del 1796 y sería necesaria una causal mas alla de la sola voluntad de una de las partes.

Y al señalar, *sin expresión de causa,* quiero poner de relieve una gran característica de la institución. Los actos jurídicos bilaterales, esto es, aquellos en los que existen voluntades en opuesta y complementaria situación, son técnicamente los contratos.

Todos los contratos son actos jurídicos bilaterales y los contratos son a su vez también unilaterales y bilaterales dependiendo la parte del acto bilateral que queda obligada frente a la otra.

Los actos bilaterales o contratos no son *divorciables* y el matrimonio no es un acto jurídico calificable de unilateral o bilateral.

El matrimonio es un acto jurídico complejo que es susceptible de verse concluido a través del divorcio ya que ni hablamos de voluntades opuestas y complementarias, ni hablamos de voluntades unilaterales toda vez que en este caso el acto jurídico crea todos sus efectos.

En consecuencia, no es el matrimonio un simple acuerdo de voluntades como señala Fernández,[171] y por tanto, contrario a lo que el autor consultado señala, el divorcio sin causa no necesariamente es un acuerdo de voluntades por el cual se pueda dar por terminado el vínculo matrimonial ya que en esencia, el espíritu de la reforma consiste en que cualquiera de los cónyuges puede acceder a la solicitud de dar por terminado el vínculo como he venido sosteniendo.

La conclusión del vínculo matrimonial si puede darse por concluida por convenio bilateral si se hace ante la misma autoridad administrativa ante quien se realizó el matrimonio. La norma jurídica lo permite en los artículos 272 del Código Civil del Distrito Federal[172] y 77 del Reglamento del Registro Civil,[173] no obstante; la experiencia indica que desde que se reformó la ley para dar paso a los divorcios unilaterales, los registros civiles se niegan a realizar el trámite remitiendo a los solicitantes al Tribunal.

---

[171] Ídem.

[172] Cruz Baney Oscar y Pérez Cuellar Martínez Alfonso, *op. cit.*nota 2, pág. 50.

[173] Reglamento del Registro Civil del Distrito Federal en *Código Civil para el Distrito Federal.* 40ª ed. México, Sista, 2012, pág. 355.

También procede el divorcio como convenio cuando ambos cónyuges convienen en solicitarlo judicialmente presentando el convenio al que la ley se refiere y sometiéndolo a la decisión de aceptación jurisdiccional.

Pero la tendencia observada es, así como la gente contrae menos nupcias, la gente casada tiende a divorciarse menos aún y cuando la relación matrimonial se haya roto. Entonces no es sino hasta que alguno de los dos tiene interés en formalizar la separación, cuando la relación se ve comprometida mediante demanda interpuesta ante los juzgados orales de lo familiar o familiares según sea el caso, acompañando a los mismos una propuesta de divorcio.

Las legislaciones del Distrito Federal y de Coahuila, son las únicas que contemplan al divorcio consensual, dentro del mismo incausado.

Las legislaciones del Estado de México, Guerrero y Yucatán, hacen la distinción en sus respectivos ordenamientos entre voluntario e incausado.

El estado de Guerrero, precisa tres formas de divorcio en el artículo 11 de la Ley de Divorcio.

I. Divorcio Administrativo

II. Divorcio Voluntario y

III. Divorcio Incausado

Presentada la solicitud, el juez citará a los cónyuges, quienes se identificarán plenamente, y al representante del Ministerio Público, a la junta de ratificación de la solicitud y del convenio respectivo, la que se efectuará después de los ocho y antes de los quince días siguientes a la presentación de la solicitud.

El Juez dentro de los cinco días siguientes a la celebración de la junta, dictará sentencia declarando disuelto el vínculo matrimonial y una vez que cause ejecutoria la misma, ordenará su remisión a la Oficialía del Registro Civil correspondiente para los efectos legales que señala la Ley de Divorcio del Estado.

El Estado de México en los artículos 4.89 y 4.105 del Código Civil reglamenta:

- Divorcio Voluntario
- Divorcio Incausado

- Divorcio Administrativo

El Código Civil, lo denomina como divorcio voluntario y el de Procedimientos Civiles como divorcio por mutuo consentimiento.

El trámite del divorcio voluntario, debe efectuarse acorde al procedimiento especial previsto en el Título Sexto de Procedimientos Especiales, Capítulo II, correspondiente al divorcio por mutuo consentimiento contenido en los ordinales 2.275 al 2.284 del código de Procedimientos Civiles del Estado de México.

Inicia con la presentación de la solicitud y del convenio anexo y copias certificadas de las actas de matrimonio y de nacimiento de los menores, admitido el trámite se cita a los cónyuges a una audiencia de avenencia y con citación también del ministerio público (si se involucran derechos de menores o incapaces), en la que el juez, exhortará a las partes que reconsideren su petición y de no lograr una reconciliación analizará el convenio, concederá el uso de la palabra a los solicitantes a fin de que le hagan aclaraciones o precisiones y en esa audiencia el juez dictará resolución en la que decidirá sobre la aprobación o no del convenio y declarará la disolución del vínculo matrimonial; en caso de inasistencia a la audiencia, sin causa justificada, de uno o ambos cónyuges, se declarará concluido el procedimiento, según lo dispuesto por el artículo 2.281 de Código de Procedimientos Civiles para el Estado de México, el cual inclusive, prevé la posibilidad de que dicha inasistencia pueda justificarse, pues estatuye: "La inasistencia podrá justificarse hasta la celebración de la audiencia; el juez señalará nuevo día y hora para la audiencia de avenencia dentro de los cinco días siguientes".

El Código familiar del Estado de Yucatán, clasifica el divorcio en:

- Voluntario administrativo
- Voluntario judicial
- Sin causales

Cabe precisar que el Código de Yucatán para los requisitos de la propuesta de Convenio remite a los precisados para el divorcio voluntario por lo que los puntos que deben contemplarse para la propuesta de convenio para ambas formas de divorcio son los mismos, lo que establece la diferencia, es que en el voluntario existe acuerdo de voluntades y en el sin causales no.

Me parece la expresión más técnica de la figura y que en términos de filosofía jurídica aplicada a la teoría de las obligaciones civiles especializada en materia familiar, la mas acercada a las escuelas comunes.

El procedimiento en este Estado se reglamenta en el Código de Familia no así por el Código de Procedimientos Familiares de Yucatán.

Ambos cónyuges acuden al Juez a presentar el convenio, los requisitos que se precisan para el divorcio voluntario son los mismos que para el incausado, aunque éste último si tiene regulación específica en el Código de Procedimientos Familiares de Yucatán, si el convenio contraviene alguna disposición legal o de los intereses del menor el Juez apercibe a las partes para que modifiquen el convenio.

Si no contraviene ninguna disposición legal, se aprueba de plano mediante sentencia.

A partir de la reforma de 18 de julio de 2019, ya es posible que el divorcio administrativo sea operado. Aún sin que halla transcurrido un año desde la celebración del matrimonio, por lo que las limitaciones que en dicho trámite perduran, son las de existencia de acreedores alimentistas a cargo de ambos cónyuges y permanencia de la sociedad conyugal en su caso.

Del mismo modo, y atendiendo a la reforma señalada, que siguió el espíritu del criterio que a continuación transcribo, los divorcios judiciales corrieron con la misma suerte.

Décima Época
Núm. de Registro: 2013599
Instancia: Plenos de Circuito
Jurisprudencia
Fuente: Gaceta del Semanario Judicial de la Federación
Libro 39, Febrero de 2017, Tomo II
Materia(s): Constitucional
Tesis: PC.I.C. J/42 C (10a.)
Página: 1075

DIVORCIO SIN EXPRESIÓN DE CAUSA. EL ARTÍCULO 266 DEL CÓDIGO CIVIL PARA EL DISTRITO FEDERAL, EN CUANTO EXIGE QUE PARA SOLICITARLO HAYA DURADO CUANDO MENOS UN AÑO DESDE LA CELEBRACIÓN DEL MATRIMONIO, ES INCONSTITUCIONAL.

El precepto indicado, al establecer que podrá solicitarse el divorcio por uno o ambos cónyuges cuando cualquiera de ellos lo reclame ante la autoridad judicial, manifestando su voluntad de no querer continuar unido en matrimonio, para lo cual es necesario que haya transcurrido cuando menos un año desde la celebración de éste, viola el derecho humano al libre desarrollo de la personalidad reconocido en el artículo 1o. de la Constitución Política de los Estados Unidos Mexicanos, toda vez que esperar el transcurso de un año constituye una restricción indebida al desconocer el derecho humano al libre desarrollo de la personalidad, como especie de la dignidad humana, además porque no respeta la autonomía de la libertad de uno o de ambos cónyuges de decidir, voluntariamente, no seguir unido en matrimonio; violación que se concreta porque el Estado tiene prohibido interferir en la elección libre y voluntaria de las personas, en cuya medida el legislador debe limitarse a diseñar instituciones que faciliten la persecución individual de los planes de vida y la satisfacción de los ideales de virtud que cada uno elija, así como impedir la interferencia de otras personas en la persecución de esos planes de vida.

PLENO EN MATERIA CIVIL DEL PRIMER CIRCUITO.

Contradicción de tesis 11/2016. Entre las sustentadas por los Tribunales Colegiados Cuarto y Octavo, ambos en Materia Civil del Primer Circuito. 4 de octubre de 2016. Mayoría de nueve votos de los Magistrados Jaime Aurelio Serret Álvarez, Ethel Lizette del Carmen Rodríguez Arcovedo, Eliseo Puga Cervantes, Carlos Manuel Padilla Pérez Vertti, Fernando Rangel Ramírez, Gonzalo Arredondo Jiménez, Arturo Ramírez Sánchez, Alejandro Sánchez López y Víctor Francisco Mota Cienfuegos. Disidentes: María del Carmen Aurora Arroyo Moreno, Elisa Macrina Álvarez Castro, María del Refugio González Tamayo, Marco Polo Rosas Baqueiro y Martha Gabriela Sánchez Alonso, quienes formularon voto de minoría. Ponente: Carlos Manuel Padilla Pérez Vertti. Secretario: Martín Sánchez y Romero.

Tesis y/o criterios contendientes:

Tesis I.8o.C.300 C, de rubro: "DIVORCIO SIN CAUSA. CONSTITUCIONALIDAD DEL ARTÍCULO 266 DEL CÓDIGO CIVIL PARA EL DISTRITO FEDERAL, EN CUANTO EXIGE QUE EL MATRIMONIO HAYA DURADO UN AÑO"., aprobada por el Octavo Tribunal Colegiado en Materia Civil del Primer Circuito y publicada en el Semanario Judicial de la Federación y su Gaceta, Novena Época, Tomo XXXIII, marzo de 2011, página 2323, y

El sustentado por el Cuarto Tribunal Colegiado en Materia Civil del Primer Circuito, al resolver el juicio de amparo directo 42/2016.

Esta tesis se publicó el viernes 03 de febrero de 2017 a las 10:05 horas en el Semanario Judicial de la Federación y, por ende, se considera de aplicación obligatoria a partir del martes 07 de febrero de 2017, para los efectos previstos en el punto séptimo del Acuerdo General Plenario 19/2013.

Por otra parte, en el Estado de México, la normativa contiene las mismas limitantes, por lo que en mi concepto es posible aplicar la misma jurisprudencia en tanto que la razón es la misma.

Sin embargo el procedimiento ante el Tribunal es diferente en tanto que ya todos los juicios son orales por lo que como he señalado, los procedimientos se diferencian en tanto que uno de ellos es por mutuo consentimiento y el otro es unilateral.

En la Ciudad de México, el día 3 de octubre de 2008, con base en la discusión parlamentaria recogida por el diario de Debates de la Asamblea Legislativa del Distrito Federal de 27 de agosto del mismo año, se publicaron las reformas al Código Civil para el Distrito Federal, derogando en definitiva el divorcio necesario y reglamentando lo que se dio por llamar divorcio incausado, exprés o unilateral.

En efecto, la reforma importó el contenido de los artículos 266 y 267 del mencionado cuerpo normativo para quedar redactados de la siguiente forma:

Artículo 266.- El divorcio disuelve el vínculo del matrimonio y deja a los cónyuges en aptitud de contraer otro. Podrá solicitarse por uno o ambos cónyuges cuando cualquiera de ellos lo reclame ante la autoridad judicial manifestando su voluntad de no querer continuar con el matrimonio, sin que se requiera señalar la causa por la cual se solicita.

Solo se decretará cuando se cumplan los requisitos exigidos por el siguiente artículo.

Artículo 267.- El cónyuge que unilateralmente desee promover el juicio de divorcio deberá acompañar a su solicitud la propuesta de convenio para regular las consecuencias inherentes a la disolución del vínculo matrimonial, debiendo contener los siguientes requisitos:

I. La designación de la persona que tendrá la guarda y custodia de los hijos menores o incapaces;

II. Las modalidades bajo las cuales el progenitor, que no tenga la guarda y custodia, ejercerá el derecho de visitas, respetando los horarios de comida, descanso y estudio de los hijos.

III. El modo de atender las necesidades de los hijos y, en su caso, del cónyuge a quien deba darse alimentos, especificando la forma lugar y fecha de pago de la obligación alimentaria, así como la garantía para asegurar su debido cumplimiento.

IV. Designación del cónyuge al que corresponderá el uso del domicilio conyugal, en su caso, y del menaje;

V. La manera de administrar los bienes de la sociedad conyugal durante el procedimiento y hasta que se liquide, así como la forma de liquidarla, exhibiendo para este efecto, en su caso, las capitulaciones matrimoniales, en el inventario, avalúo y el proyecto de partición;

VI. En el caso de que los cónyuges hayan celebrado el matrimonio bajo el régimen de separación de bienes deberá señalarse la compensación, que no podrá ser superior al 50% el valor de los bienes que hubieren adquirido, a que tendrá derecho el cónyuge, que durante el matrimonio se haya dedicado preponderantemente al desempeño del trabajo del hogar y, en su caso, al cuidado de los hijos. El juez de lo Familiar resolverá atendiendo a las circunstancias especiales de cada caso.

Por su parte, el día 3 de mayo de 2012 se publicó en la gaceta Oficial del Estado de México, el decreto por el cual se reformaron los artículos 4.89 del Código Civil y 2,373 al 2.374 del Código de procedimientos Civiles, para quedar redactado el primero mencionado de la siguiente forma:

> Artículo 4.89.- El divorcio se clasifica en incausado y voluntario. Es incausado cuando cualquiera de los dos cónyuges lo solicita sin que exista necesidad de señalar la razón que lo motiva y es voluntario cuando se solicita de común acuerdo.

De los demás artículos me ocuparé en el capítulo relativo al procedimiento.

En la exposición de motivos que dio origen al debate primero y posteriormente a las reformas relacionadas con el tema, de 20 de mayo de 2008, el legislador justificó la modificación de la siguiente forma:

> El matrimonio es una institución de Derecho Civil que parte de la base de la autonomía de la voluntad de las personas, en este mismo sentido y sin relevar a ninguna de las partes de las responsabilidades mutuas y reciprocas que se deben, se ha considerado necesario el **evitar que el rompimiento del vínculo matrimonial erosione mayormente al núcleo familiar, producto de un enfrentamiento constante**, por lo que se considera que el

Estado no debe empeñarse en mantener, de forma ficticia, un vínculo que en la mayoría de los casos resulta irreconciliable.

Así, es importante considerar que se presentan casos en los que, sin existir alguna de las causales enunciadas en el artículo 267, una o ambas partes no estuviere de acuerdo en continuar con el matrimonio, por ser esa su decisión libre. Para ello se estima pertinente otorgarles a los ciudadanos del Distrito Federal, la oportunidad de acudir ante el Órgano Judicial de Gobierno, para pedir de manera unilateral y de forma libre, la disolución del vínculo, **porque su voluntad es ya no continuar con el matrimonio.**

Por el contrario, **sin menoscabo de los derechos que consagra la Ley, y sin descuidar los derechos alimentarios de los acreedores, ni afectar los derivados del régimen patrimonial surgidos del matrimonio,** se deben presentar las alternativas que permitan disolver el vínculo, con la sola expresión de ser esa la voluntad de ambas o de una sola de las partes, sin tener necesidad de acreditar alguna de las causales que actualmente prevé la Ley.

El proyecto de reforma que se presenta lejos de atentar contra la cohesión social, tiene como objeto *facilitar los canales de entendimiento entre quienes viven los procesos de divorcio;* es decir, se elimina un motivo mayor de enfrentamiento entre seres en conflicto, menores e incapaces-; de ahí que la tramitación del divorcio tienes dos fases: A)la no contenciosa, en la que una vez cumplidas las formalidades de ley el divorcio se decretará con la sola voluntad del solicitante, sin que deba señalar la causa que origina esa petición, y B) cuando exista oposición de alguno de los consortes respecto al convenio, se autorizará el divorcio y los puntos divergentes se reservarán para la vía incidental o la controversia familiar. Así, al no existir controversia en la primera etapa es innecesario que el otro cónyuge se excepcione manifestando su oposición a la disolución del vínculo, lo cual obedece a que el matrimonio es una institución de derecho civil que parte de la base de la autonomía de la voluntad de las personas, lo que implica una decisión libre de ambas para continuar o no unidas por ese vínculo; de manera que con la solicitud unilateral de divorcio no se priva de defensa alguna al cónyuge que esté en desacuerdo, pues si no existe la voluntad del otro para continuar con el matrimonio, el divorcio debe autorizarse; máxime que la resolución que la autoridad judicial pronuncie no será constitutiva de derechos sino declarativa, pues sólo evidencia una situación jurídica determinada, como lo es el rompimiento de facto de las relaciones afectivas entre los cónyuges. Consecuentemente, los artículos 266, 267, 282, 283, fracciones IV, V, VI, VII, y VIII, 283 Bis, 287 y 288 del Código Civil para el Distrito Federal, reformado mediante decreto publicado en la Gaceta Oficial de la entidad el 3 de octubre de 2008, que regulan la tramitación del divorcio que puede promoverse por voluntad unilateral del cónyuge, no violan las garantías de audiencia y de debido proceso legal contenidas en el artículo 14 de la Constitución

Política de los Estados Unidos Mexicanos, pues en términos del artículo 256 del Código de Procedimientos Civiles para el Distrito Federal, una vez presentada la demanda con los documentos y copias prevenidos, se correrá traslado de ella a la parte contra la que se proponga y se le emplazará para que la conteste, de ahí la obligación de llamar al procedimiento de divorcio al cónyuge demandado y a que se le corra traslado con la demanda y documentos anexos, con lo cual no sólo se le brinda la oportunidad de conocer la cuestión materia de las Litis y las consecuencias del procedimiento, sino que se le otorga el derecho a contestar la demanda y a manifestar su conformidad con el convenio o, en su caso, a presentar la correspondiente contrapropuesta.

DIVORCIO POR VOLUNTAD UNILATERAL DEL CÓNYUGE. LOS ARTÍCULOS 266 Y 267 DEL CÓDIGO CIVIL PARA EL DISTRITO FEDERAL, REFORMADO MEDIANTE DECRETO PUBLICADO EN LA GACETA OFICIAL DE LA ENTIDAD EL 3 DE OCTUBRE DE 2008, NO VIOLAN EL PRIMER PÁRRAFO DEL ARTÍCULO 4°. DE LA CONSTITUCIÓN POLÍTICA DE LOS ESTADOS UNIDOS MEXICANOS.- El citado precepto constitucional señala que a través de las leyes se protegerán la organización y el desarrollo de la familia; de ahí que deban emitirse leyes y reglamentos que la cuiden y organicen como célula básica de la sociedad mexicana, estableciendo las mejores condiciones para el pleno desarrollo de sus miembros. Así, tanto juristas como legisladores se han ocupado de proteger los intereses particulares de quienes integran a la familia, dirigiendo también su atención a la reglamentación de las instituciones que mantienen su cohesión, como son, entre otras, el matrimonio, que además de ser un contrato que regula cuestiones económicas, constituye la base de la familia y es fuente de derechos y deberes morales por lo cual es de interés público y social; sin embargo el logro de la estabilidad familiar no implica que los consortes deben permanecer unidos a pesar de que la convivencia entre ellos o con sus hijos se torne imposible, o de la pérdida del afecto que les animó a contraer matrimonio. Por tanto, a través del divorcio el Estado ha reconocido la existencia de figura jurídica que permite disolver la unión conyugal y con ello evitar los efectos generados por las relaciones disfuncionales de maltrato o de violencia familiar que pudieran suscitarse cuando los cónyuges estimen dejar de convivir, es decir, el divorcio es sólo el reconocimiento estatal de una situación de hecho respecto a la desvinculación de los cónyuges, cuya voluntad de no permanecer unidos legalmente debe respetarse; de ahí que la legislación civil a previsto como formas de disolución matrimonial los divorcios: Necesario, por mutuo consentimiento y administrativo, sin que ello implique promover la ruptura conyuga. En ese sentido, se concluye que los artículos 266 y 267 del Código Civil para el Distrito Federal, reformado mediante decreto publicado en la Gaceta Oficial de la entidad el 3 de octubre de 2008, al prever el divorcio que puede promoverse por

> voluntad unilateral del cónyuge no violan el primer párrafo del artículo 4° de la Constitución General de la República, en virtud de que por un lado, *tienden a evitar la violencia ocurrida con motivo del trámite de divorcios necesarios*—y con ello incluso proteger a los menores que pudieran verse involucrados—y, por el otro, **se respeta la libertad de los cónyuges al expresar su voluntad de no continuar casados, lo cual propicia un ambiente adecuado para su bienestar emocional, con la consecuente armonía entre los integrantes del núcleo familiar.**

Me llama poderosamente la atención que un argumento fundamental de la exposición de motivos anteriormente transcrita señale con toda impunidad a la autonomía de la voluntad como fuente generadora de los derechos y obligaciones derivados tanto de la celebración del matrimonio, como de dar por terminado el mismo, cuando otra exposición de motivos, la del código civil de 1928 señaló en su momento, de manera falaz en mi concepto por supuesto, que la autonomía de la voluntad ha dejado de ser la máxima ley de los contratos civiles.

Es decir, el legislador por un lado desnaturaliza la esencia misma de los contratos negando en una exposición clara la posibilidad de basar en los actos jurídicos patrimoniales de derecho privado, esa herramienta secular denominada autonomía de la voluntad.

Pero en la determinación de una modificación grave a la materia de familia, que viene como ley del péndulo, de lo mas estricto, a lo mas laxo para dar por concluido un matrimonio, entonces es perfectamente posible hablar de la autonomía de la voluntad como ente generador de la posibilidad de dar por terminada una institución de orden público e interés social, contraviniendo de esa forma todos los principios y construcciones señaladas ya en esta pequeña obra.

VIII. Procedimiento

Para el caso de la Ciudad de México, el juicio de divorcio inicia con el ejercicio de la acción fundada por el artículo 24 del Código de Procedimientos Civiles para el Distrito Federal:

> *Las acciones de estado civil tienen por objeto las cuestiones relativas al* nacimiento, defunción, matrimonio o nulidad de este, filiación, reconocimiento, emancipación, tutela, adopción, divorcio y ausencia ...

El mencionado cuerpo normativo contiene diversos tipos de juicios: Los ordinarios y los especiales. Por lo que hace al divorcio, antes de las reformas de octubre de 2008, el divorcio voluntario tenía una tramitación especial y el necesario se sustanciaba conforme a las reglas del juicio ordinario.

El divorcio por voluntad unilateral, al no tener en el momento de la reforma una sustanciación especial se seguía bajo las reglas del juicio ordinario, lo que propició confusiones porque no obstante ser así, tiene ciertas características que lo hacen diferente y debió haberse regulado como juicio especial, lo que daría mayor certeza de su propia naturaleza jurídica y la forma en que se siguen cada uno de los actos y procedimientos que lo conforman, dado que el divorcio en el estricto sentido no tiene todas las fases y características de los juicios ordinarios, es más, no existe litigio alguno y, por otro lado las cuestiones accesorias de ser litigiosas, se sustancian y se resuelven incidentalmente, mientras que, cuando no existe controversia, la sustanciación es, muy similar a lo que era el divorcio voluntario.

Sin embargo, desde la entrada en funcionamiento de los juicios orales, como he señalado anteriormente, la sustantación del juicio de divorcio voluntario o bilateral se ha tornado a un proceso en extremo simple, siguiendo sus propias reglas de aplicación.

> La demanda de divorcio-- o solicitud de divorcio, como se refiere en algunos preceptos--, al igual que la de todo juicio oral, debe cumplir con los requisitos del artículo 1033 del Código de Procedimientos Civiles, a saber:
>
> Artículo 1033.- La demandad deberá formularse por escrito y cumplir los requisitos siguientes:
>
> I. El Tribunal ante el que se promueve

II. Nombre, apellidos, el domicilio para oir y recibir notificaciones dentro de ésta jurisdicción o, en su caso, la dirección electrónica para efectos procesales.

III. Nombre y apellidos de la parte demandada y su domicilio.

IV. Las pretensiones reclamadas.

V. Los hechos en que funde su pretención, narrándolos de manera breve y concisa; acompañando los documentos base de la acción

VI. En su caso, los fundamentos de derecho

VII. El ofrecimiento de las pruebas, relacionándolas en forma pormenorizada con cada hecho.

VIII. En los casos en que proceda, se acompañará el formulario autorizado por el Tribunal para acreditar la fuente, monto de los ingresos de las partes y su nivel socioeconómico.

IX. Acompañar una propuesta de convenio cuando así proceda.

X. La firma de la parte actora o su representante legal. Si éstos no supieren o no pudieren firmar, pondrán su huella digital, firmando otra persona en su nombre y a su ruego indicando estas circunstancias.

Como se observa de lo anterior, además de cumplir la demanda con los requisitos de todo juicio ordinario—si bien por lo que hace a los hechos no es necesario exponer razón alguna que tenga que ver con la necesidad de la disolución del vínculo matrimonial, es necesario acompañar la propuesta de convenio de divorcio, incluyendo los temas que tengan que ver con los hijos, alimentos y los bienes y de igual manera ofrecer las pruebas relacionadas en los puntos del convenio, sin poderlo realizar con posteridad.

De lo aquí expuesto, aún y cuando se trata de un juicio oral familiar, el divorcio voluntario jurisdiccional inicia con una solicitud que debe cumplir con los requisitos de una demanda en forma la vía ordinaria, pero, además, acompañar las propuestas inherentes a éste último, todo lo cual de entrada, propicia que se parezca a todo menos a un juicio oral civil.

Ahora bien, por lo que se refiere al divorcio unilateral o incausado, el procedimiento se sigue llevando en justicia tradicional escrita.

Presentada la demanda, como en cualquier otro juicio, el juez puede declararse incompetente ya sea por razón de territorio o materia, puede excusarse de conocer porque exista algún impedimento que pudiera afectar su imparcialidad; puede prevenir al actor por alguna deficiencia subsanable y, de cumplir con los requisitos legales o subsanados éstos, proceder a su admisión, ordenando emplazar al demandado para que en un plazo de nueve días proceda a su contestación por escrito, pudiendo hacer valer excepciones sobre todo de carácter procesal, como la incompetencia del juzgador, casos de litispendencia, etc.

El demandado deberá de manifestarse sobre la propuesta del convenio, haciendo saber su conformidad o, de lo contrario, formular contrapropuesta y anexar las pruebas relacionadas con la misma en su caso de no comparecer, se tendrá por contestada la demanda en sentido negativo, es decir, se presume que la propuesta de convenio ha sido rechazada en su totalidad.

Lo que no puede acontecer, es que el demandado formule demanda reconvencional, puesto que se desnaturalizaría el juicio de divorcio, ya que las cuestiones que pretenda ventilar en proceso jurisdiccional, que sean derivadas del matrimonio, las hará valer en su contrapropuesta de convenio y otras, como la perdida de patria potestad, deberá deducirse en una acción diferente.

En el anterior sentido se ha pronunciado nuestra Corte Suprema en el criterio jurisprudencial que a continuación transcribo.

Décima Época

Núm. de Registro: 2012732

Instancia: Plenos de Circuito

Jurisprudencia

Fuente: Gaceta del Semanario Judicial de la Federación

Libro 35, Octubre de 2016, Tomo III

Materia(s): Civil

Tesis: PC.I.C. J/34 C (10a.)

Página: 2339

RECONVENCIÓN. ES IMPROCEDENTE EN EL PROCEDIMIENTO DE DIVORCIO SIN EXPRESIÓN DE CAUSA.

El procedimiento de divorcio sin expresión de causa, fue concebido como un medio efectivo para eliminar conflictos en el proceso de disolución del matrimonio y respetar el libre desarrollo de la personalidad. Se trata de un procedimiento sumario, regido por los principios de unidad, concentración, celeridad y economía procesal que admite la aplicación de normas generales al juicio ordinario, siempre que éstas sean compatibles con la sustanciación de aquél, regulado por disposiciones específicas. Así, aun cuando en la tramitación del proceso ordinario, se autoriza al enjuiciado a formular reconvención, ésta no tiene lugar dentro del procedimiento de divorcio incausado. La contrademanda plantea una nueva litis, que sólo puede presentarse cuando es posible sustanciarla conforme a las normas adjetivas de la demanda principal, de manera que, si en un juicio de divorcio incausado se reconviene una acción ordinaria o de cualquier otro tipo, para resolver las pretensiones de las partes en la misma sentencia, tendría que retardarse la decisión relativa a la disolución del vínculo matrimonial, hasta que transcurrieran los términos de la acción reconvencional, lo cual desvirtuará la esencia y finalidad del procedimiento de divorcio. Por otro lado, si lo que se pretende plantear en la reconvención es un tema atinente a las consecuencias de la disolución del vínculo matrimonial, ello será materia del incidente que se tramite con posterioridad a la emisión del auto que decrete el divorcio. En consecuencia, por la propia naturaleza de los juicios de divorcio sin causa, en cuanto buscan la satisfacción efectiva, rápida e inmediata del deseo de un consorte de ya no seguir casado, no puede quedar abierta la posibilidad de que el demandado se defienda por cualquier medio, sino únicamente por los que sean acordes a los referidos principios de celeridad, unidad y economía procesal.

PLENO EN MATERIA CIVIL DEL PRIMER CIRCUITO.

Contradicción de tesis 7/2016. Entre las sustentadas por los Tribunales Colegiados Octavo y Noveno, ambos en Materia Civil del Primer Circuito. 9 de agosto de 2016. Unanimidad de catorce votos de los Magistrados María del Carmen Aurora Arroyo Moreno, Jaime Aurelio Serret Álvarez, Ethel Lizette del Carmen Rodríguez Arcovedo, Eliseo Puga Cervantes, Carlos Manuel Padilla Pérez Vertti, Elisa Macrina Álvarez Castro, María del Refugio González Tamayo, Marco Polo Rosas Baqueiro, Martha Gabriela Sánchez Alonso, Fernando Rangel Ramírez, Adalberto Eduardo Herrera González, Arturo Ramírez Sánchez, Alejandro Sánchez López y Víctor Francisco Mota Cienfuegos. Ponente: María del Carmen Aurora Arroyo Moreno. Secretarios: Alfredo Díaz Melo, Vianney Rodríguez Arce y Ana Paola Surdez López.

Tesis y/o criterios contendientes:

Tesis I.8o.C.289 C, de rubro: "DIVORCIO SIN CAUSA. RECONVENCIÓN IMPROCEDENTE (LEGISLACIÓN DEL DISTRITO FEDERAL)"., aprobada por el Octavo Tribunal Colegiado en Materia Civil del Primer Circuito y publicada en el Semanario Judicial de la Federación y su Gaceta, Novena Época, Tomo XXXI, enero de 2010, página 2110, y

Tesis I.9o.C.30 C (10a.), de título y subtítulo: "RECONVENCIÓN. SU PROCEDENCIA EN LOS JUICIOS DE DIVORCIO SIN EXPRESIÓN DE CAUSA (LEGISLACIÓN DEL DISTRITO FEDERAL)"., aprobada por el Noveno Tribunal Colegiado en Materia Civil del Primer Circuito y publicada en el Semanario Judicial de la Federación del viernes 26 de febrero de 2016 a las 10:30 horas y en la Gaceta del Semanario Judicial de la Federación, Décima Época, Libro 27, Tomo III, febrero de 2016, página 2121.

Esta tesis se publicó el viernes 07 de octubre de 2016 a las 10:17 horas en el Semanario Judicial de la Federación y, por ende, se considera de aplicación obligatoria a partir del lunes 10 de octubre de 2016, para los efectos previstos en el punto séptimo del Acuerdo General Plenario 19/2013.

Llegado este punto, es decir, admitida a trámite la solicitud de divorcio, emplazado su cónyuge y transcurrido el plazo para contestar, con o sin ella, el artículo 272-B del Código de Procedimientos Civiles prescribe lo siguiente:

> Artículo 272-B.—*Tratándose de divorcio, el juez decretará una vez que se haya contestado la solicitud presentada o en su defecto, haya prelucido el término para contestarla.* En caso de diferencias en los convenios propuestos el juez, dentro de los cinco días siguientes, citará a las partes para promover el acuerdo entre las pretensiones expuestas en los citados convenios. De no ser así, se procederá en los términos del artículo 287 del Código Civil para el Distrito Federal, y 88 de este ordenamiento.

El artículo 287 del Código civil mandata:

> ARTICULO 287.- En caso de que los cónyuges lleguen a un acuerdo respecto del convenio señalado en el artículo 267 y éste no contravenga ninguna disposición legal, o presentaren un convenio emanado del procedimiento de mediación a que se refiere la Ley de Justicia Alternativa del Tribunal Superior de Justicia para el Distrito Federal, en uno u otro caso el juez lo aprobará de plano, decretando el divorcio mediante sentencia. En caso contrario, el juez decretará el divorcio dejando expedito el derecho de los cónyuges para que lo hagan valer por la vía incidental, exclusivamente por lo que concierne al convenio.
>
> El juez exhortará en la referida sentencia que, previo al inicio de la vía incidental, las partes acudan al procedimiento de mediación a que se refiere la Ley de Justicia Alternativa del Tribunal Superior de Justicia para el Distrito Federal, e intenten, a través de dicho procedimiento, llegar a un acuerdo respecto del convenio señalado.
>
> En caso de que las partes, una vez recibida la pre-mediación, no hubieren aceptado el procedimiento, o habiéndolo iniciado no fuera posible llegar a un acuerdo, podrán hacer valer sus derechos por la vía incidental. En el caso de que las partes logren la construcción de un acuerdo por medio del procedimiento de mediación, lo harán del conocimiento del juez.

Son estos dos preceptos legales los que propiciaron el calificativo de "divorcio exprés", en razón de que sea cual fuere la situación que prevalezca respecto al convenio, el juez debe decretar el divorcio inmediatamente después de contestada la demanda, o solicitud de divorcio o que haya transcurrido el plazo para ello, dejando pendientes de resolución las cuestiones derivadas y referidas al convenio, debiendo tomar en consideración que esto deberá ser así, solo en los casos en los cuales estén cumplidos los presupuestos procesales y que se acrediten los requisitos de procedencia de la acción, porque el hecho de que no sea necesario invocar y acreditar causal alguna del divorcio, no implica ni excluye que se cumplan los requisitos y elementos que sí son necesarios para su procedencia a saber:

A) Que acredite de manera fehaciente la existencia del matrimonio, siendo la única prueba idónea, la copia certificada del acta de matrimonio correspondiente, que sea legible y con los elementos suficientes.

B) Que el juez de lo familiar en la Ciudad de México es competente para conocer del divorcio solicitado, puesto que la regla por territorio consiste en que lo sea el del lugar donde se enciente el domicilio conyugal, sin importar el dónde se celebró el matrimonio, es decir, que si el matrimonio se celebró en el estado de Jalisco, pero el último domicilio conyugal se estableció en el Distrito Federal, el divorcio podrá sustanciarse en este último bajo las reglas del divorcio incausado.

C) Que se haya exhibido la propuesta de convenio a que se refiere el artículo 267 del Código Civil.

D) Que dicho convenio reúna los requisitos mínimos que prevé el citado precepto legal. Por supuesto, aquellos elementos que no apliquen simplemente se harán saber al juzgador, o el juzgador prevendrá su exclusión.

Luego entonces en la misma fase postulatoria se puede decretar el divorcio, ya sea que el demandado no haya contestado la demanda o lo haya hecho, oponiéndose al convenio presentado por el actor, siempre y cuando se hayan cumplido los presupuestos procesales y requisitos de procedencia de acción. Esto también es aplicable, en los casos en los cuales la solicitud de divorcio la hayan presentado de manera conjunta ambos cónyuges, puesto que aún y cuando no esté regulado el divorcio por mutuo consentimiento, si para el divorcio basta la voluntad de uno de los cónyuges, por mayoría de razón si existe dicha voluntad por ambas partes y además exhibieron un convenio que cumpla los requisitos del artículo 267 del Código Civil, procederá el divorcio de igual manera. En este caso el divorcio será más que expedito, porque inmediatamente la presentación de la solicitud conjunta del divorcio le recaerá en un proveído en el que se decrete el divorcio y se apruebe el convenio, claro está, siempre y cuando se cumplan los requisitos de procedencia y el convenio esté ajustado a derecho.

La otra posibilidad, es que el demandado diera contestación a la demanda, y se haya opuesto al convenio. Aquí, como se ha dicho, el juez decretará el divorcio y reservará las cuestiones derivadas del matrimonio y relativas a los hijos, los bienes, alimentos a la continuación del procedimiento y, en su caso, a una resolución que dirima esa controversia.

MODELOS PRÁCTICOS

A. MODELO DE DIVORCIO UNILATERAL PARA LA CIUDAD DE MÉXICO

CÓNYUGE A
VS.
CÓNYUGE B
JUICIO:. DIVORCIO UNILATERAL O SIN CAUSA
ESCRITO INICIAL

C. JUEZ DE LO FAMILIAR DE ROCESO ESCRITO EN TURNO
EN LA CIUDAD DE MÉXICO

CÓNYUGE A, por mi propio derecho, señalamdo como domicilio para oír y recibir notificaciones, incluso las de carácter personal, el cito en ************** **********************, autorizando en términos del cuarto párrafo del artículo 112 del Código de Procedimientos Civiles para el Distrito Federal (Hoy Ciudad de México) a los licenciados en Derecho ********************* *********** ***************, y para oir y recibir toda clase de notificaciones, recoger toda clase de documentos e imponerse de los autos a los CC. Pasantes en derecho *************** ************ **************** con el debido respeto comparezco para exponer:

Que en términos del presente escrito vengo a solicitar la disolución del vínculo matrimonial que al día de hoy me une con **CÓNYUGE B**, a través del procedimiento descrito en el artículo 267 del Código Civil para el Distrito Federal.

En acatamiento a lo dispuesto por el artículo 267 y siguientes del mencionado cuerpo normativo, a continuación señalo:

I. El Tribunal ante el que se promueve

   Ha quedado señalado en el proemio del presente escrito como C. Juez Familiar de proceso escrito de la Ciudad de México

II. Nombre, apellidos, el domicilio para oír y recibir notificaciones dentro de esta jurisdicción o, en su caso, la dirección electrónica para efectos procesales.

Han quedado señalados en el proemio del presente escrito.

III. Nombre y apellidos de la parte demandada y su domicilio.

Sr. (a)******************, quien tiene su domicilio para los efectos señalados en la presente fracción en **************************

IV. Las pretensiones reclamadas.

1. El divorcio y como consecuencia la disolución del vínculo matrimonial que al día de hoy me une con la parte demandada.

V. Los hechos en que funde su pretensión, narrándolos de manera breve y concisa; acompañando los documentos base de la acción

HECHOS

1. SEGÚN LO ACREDITO CON COPIA CERTIFICADA DEL ACTA DE MATRIMONIO DE FECHA *************, CONTRAJE MATRIMONIO CON EL HOY DEMANDADO, EN ESTA CIUDAD DE MEXICO DISTRITO FEDERAL.
2. EL EXPRESADO VÍNCULO MATRIMONIAL LO CONTRAJIMOS BAJO EL RÉGIMEN DE SEPARACIÓN DE BIENES, TAL Y COMO SE DESPRENDE DEL DOCUMENTO ANTES REFERIDO.
3. BAJO PROTESTA DE DECIR VERDAD, MANIFIESTO QUE DURANTE NUESTRO MATRIMONIO PROCREAMOS ** HIJO(S) DE NOMBRE(S) ************ COMO ACREDITO CON LOS ATESTADOS DEL REGISTRO CIVIL QUE EN COPIA CERTIFICADA ACOMPAÑO AL CUERPO DEL PRESENTE ESCRITO
4. ES EL CASO QUE AMBOS CONYUGES, ESTABLECIMOS COMO ÚLTIMO DOMICILIO CONYUGAL EL UBICADO EN ********************** *********** COMO ACREDITO CON LOS DISTINTOS RECIBOS DE CORRESPONDENCIA QUE AGREGO AL CUERPO DEL PRESENTE INSTRUMENTO.
5. BAJO PROTESTA DE DECIR VERDAD MANIFIESTO QUE DURANTE NUESTRO MATRIMONIO NO SE **ADQUIRIERON BIENES.**
6. POR ASI CONVENIR A MIS INTERESES PERSONALES CON FUNDAMENTO EN LO DISPUESTO POR EL ARTÍCULO 267 DEL CODIGO CIVIL PARA EL DISTRITO FEDERAL HE DECIDIDO INICIAR EL PRESENTE PROCEDIMIENTO DE DIVORCIO POR LO QUE EN ESTE ACTO SOLICITO SE DECRETE LA DISOLUCION DEL VINCULO MATRIMONIAL.

7. EN EL PRESENTE OCURSO ANEXO LA PROPUESTA DE CONVENIO DE DIVORCIO, EN CUMPLIMIENTO AL ARTÍCULO 267 DEL CODIGO CIVIL PARA EL DISTRITO FEDERAL SOLICITANDO ATENTAMENTE A USIA CORRER CON LA MISMA TRASLADO A LA PARTE DEMANDADA PARA LOS EFECTOS LEGALES CONDUCENTES.

PROPUESTA DE CONVENIO QUE PRESENTAN LOS SEÑORES ************ Y **************, DE CONFORMIDAD CON LO ORDENADO POR EL ARTÍCULO 267 DEL CODIGO CIVIL PARA EL DISTRITO FEDERAL, PARA SU APROBACION, AL TENOR DE LAS SIGUIENTES:**

CLÁUSULAS

PRIMERA (ART. 267 FRACCIÓN I) GUARDA Y CUSTODIA. EN RELACION A LA GUARDIA Y CUSTODIA, DE NUESTRO(S) MENORES HIJO*************, LA MISMA QUEDARÁ A CARGO DE SU MADRE LA SEÑORA ************.

SEGUNDA: (ART. 267 FRACCIÓN II). VISITAS Y CONVIVENCIAS. LOS DIVORCIANTES ESTÁN DE ACUERDO EN QUE EL PADRE DE LOS MENORES ******************* PODRÁ CONVIVIR CON ELLOS DE FORMA ABIERTA E ILIMITADA CUANDO ASÍ LO CONSIDERE SIN MAS OBLIGACIÓN QUE LA DE AVISAR A LA MADRE CON POR LO MENOS DOS HORAS DE ANTICIPACIÓN, PUDIENDO LLEVAR AL MENOR DE VACCIONES SIN RESTRICCIÓN ALGUNA, PERNOCTAR CON ÉL, RECOGERLO EN LA ESCUELA Y TODO LO QUE SE CONSIDERE NECESARIO A FÍN DE CUMPLIR CON EL ESPÍRITU DE LO SEÑALADO EN LA PRESENTE CLÁUSULA.

TERCERA: (ART. 267 FRACCIÓN III) ALIMENTOS. POR LO QUE SE REFIERE A LOS ALIMENTOS CORRESPONDIENTES AL MENOR **************, LAS PARTES ACUERDAN EN ESTE ACTO QUE LOS MISMOS SERÁN PAGADOS POR EL CÓNYUGE DIVORCIAMTE QUIEN SE HARÁ CARGO DE LA ESCUELA DE LOS MENORES, ATENCIÓN MÉDICA Y HOSPITALARIA, VACACIONES DOS VECES AL AÑO Y UNA CANTIDAD FIJA NO MENOR A ******************

POR LO QUE SE REFIERE A LOS ALIMENTOS DE LAS PARTES, LOS SEÑORES ***************** Y ******************* MANIFIESTAN QUE ACTUALMENTE CUENTAN CON RECURSOS SUFICIENTES PARA SU SUNSISTENCIA POR LO QUE NO REQUIEREN PAGO DE ALIMENTOS NINGUNO DE LOS DOS.

CUARTA: (ART. 267 FRACCIONES IV Y VBIENES). COMO SE DESPRENDE DEL ACTA DE MATRIMONIO QUE CORRE ANEXA AL PRESENTE ESCRITO, EL MATRIMONIO DE CUYA DISOLUCIÓN NOS ESTAMOS OCUPANDO EN EL PRESENTE ESCRITO SE CELEBRÓ BAJO EL RÉGIMEN DE SEPARACIÓN DE BIE-

NES POR LO QUE NO EXISTEN BIENES QUE DEBAN DE SER ADMINISTRADOS O LIQUIDADOS.

QUINTA: (ART. 267 FRACCIÓN VI). COMPENSACIÓN. BAJO PROTESTA DE DECIR VERDAD MANIFESTAMOS QUE AMBOS CÓNYUGES TRABAJAMOS DURANTE EL PERIODO DE TIEMPO QUE EL MATRIMONIO DURÓ, POR LO QUE NINGUNO SE DEDICÓ PREPONDERANTEMENTE A LAS LABORES DEL HOGAR Y EN CONSECUENCIA NO EXISTE PARA NINGUNO DE LOS DOS DERECHO A COMPENSACIÓN ALGUNA.

SEXTA: DE LA INTERPRETACIÓN Y DE LA JURISDICCIÓN APLICABLE: PARA EFECTOS DE INTERPRETACIÓN Y CUMPLIMIENTO SUJETAMOS A SUS TÉRMINOS Y EN LO NO PACTADO EN FORMA EXPRESA A LO ESTIPULADO POR LAS DISPOSICIONES LEGALES APLICABLES EN EL DISTRITO FEDERAL, SIENDO LOS TRIBUNALES DE ESTA MISMA CIUDAD LOS COMPETENTES PARA RESOLVER CUALQUIER CONTROVERSIA QUE SE PUDIERA DERIVAR DEL MISMO POR LO QUE FORMULO EXPRESA RENUNCIA A CUALES QUIERA OTRA JURISDICCIÓN Y NORMATIVIDAD LEGAL QUE POR RAZÓN DE NUESTROS DOMICILIOS PRESENTES O FUTUROS PUDIERAN CORRESPONDERNOS. SIENDO ESTE CONVENIO EXPRESIÓN FIEL Y EXACTA DE NUESTRA VOLUNTAD, POR LO QUE NO SE ENCUENTRA AFECTADO DE NINGÚN VICIO QUE EN EL PRESENTE O EN EL FUTURO PUEDA INVALIDARLO, Y DE NO EXISTIR INCONVENIENTE LEGAL ALGUNO SOLICITO DE SU SEÑORÍA SE SIRVA DICTAR SU APROBACIÓN CORRESPONDIENTE.

VI. En su caso, los fundamentos de derecho

DERECHO

EN CUANTO AL FONDO, SON APLICABLES LOS ARTÍCULOS 266, 267, 271, 287 Y DEMAS RELATIVOS DEL CODIGO CIVIL PARA EL DISTRITO FEDERAL.

EL PROCEDIMIENTO SE RIGE POR LO DISPUESTOS EN LOS ARTÍCULOS 255, 257, 258 Y DEMAS RELATIVOS Y APLICABLES DEL CODIGO DE PROCEDIEMIENTOS CIVILES PARA EL DISTRITO FEDERAL.

VII. El ofrecimiento de las pruebas, relacionándolas en forma pormenorizada con cada hecho.

PRUEBAS

1. CONFESIONAL a cargo de la parte demandada quien deberá de comparecer de forma personal y no mediante apoderado a absolver las posiciones que le sean articuladas previa calificación de legales relacionando di-

cha probanza con todos y cada uno de los hechos narrados en el presente procedimiento.

2. DOCUMENTAL PÚBLICA. - Consistente en copia certificada del acta de matrimonio de fecha ******* expedida por la **** oficialía del Registro Civil de la Ciudad de *********
3. DOCUMENTAL PÚBLICA. - Consistente en copia certificada del acta de nacimiento de mi menor hijo (hija)
4. DOCUMENTAL PÚBLICA consistente en
5. DOCUMENTAL PRIVADA consistente en ___ recibos de ______, prueba que resulta idónea para acreditar la ubicación de nuestro último domicilio conyugal
6. INSTRUMENTALES DE ACTUACIONES, relacionando la anterior probanza en todo lo que beneficie al suscrito, relacionando la misma con todos y cada uno de los hechos constitutivos de la demanda
7. PRESUNCIONAL EN SU DOBLE ASPECTO, relacionando la anterior probanza en todo lo que beneficie al suscrito, relacionando la misma con todos y cada uno de los hechos constitutivos de la demanda

VIII. En los casos en que proceda, se acompañará el formulario autorizado por el Tribunal para acreditar la fuente, monto de los ingresos de las partes y su nivel socioeconómico.

SE ANEXA AL CUERPO DEL PRESENTE ESCRITO

IX. Acompañar una propuesta de convenio cuando así proceda.

SE ANEXA AL CUERPO DEL PRESENTE ESCRITO

X. La firma de la parte actora o su representante legal. Si éstos no supieren o no pudieren firmar, pondrán su huella digital, firmando otra persona en su nombre y a su ruego indicando estas circunstancias.

POR LO EXPUESTO,

A USTED C. JUEZ, ATENTAMENTE PIDO SE SIRVA:

PRIMERO. TENERME POR PRESENTADA (O), EN LOS TERMINOS DEL PRESENTE OCURSO, SOLICITANDO LA DISOLUCION DEL VINCULO MATRIMONIAL QUE NOS UNE, MEDIANTE EL PROCEDIEMIENTO DE SOLICITUD DE DIVORCIO.

SEGUNDO. SEÑALAR DIA Y HORA PARA QUE TENGA VERIFICATIVO LA AUDIENCIA EN TÉRMINOS DE LEY.

TERCERO. DAR AL MINISTERIO PÚBLICO LA INTERVENCION QUE LEGALMENTE CORRESPONDE

CUARTO. EN SU OPORTUNIDAD PREVIOS LOS TRAMITES DE LEY, DECLARAR DISUELTO EL VINCULO MATRIMONIAL QUE NOS UNE, CON APROBACION DEL CONVENIO QUE SE ADJUNTA.

ATENTAMENTE

Ciudad de México a ***** de ******* de ***

B. DIVORCIO POR MUTUO CONSENTIMIENTO

CÓNYUGE A
Y.
CÓNYUGE B
JUICIO:. DIVORCIO SIN CAUSA
ESCRITO INICIAL

C.JUEZ ORAL DE LO FAMILIAR EN TURNO
EN LA CIUDAD DE MÉXICO

CÓNYUGE A y CÓNYUGE B, por nuestro propio derecho, autorizando en términos del cuarto párrafo del artículo 112 del Código de Procedimeintos Civiles para el Distrito Federal (Hoy Ciudad de México) a los licenciados en Derecho ******************** *********** ***************, y para oir y recibir toda clase de notificaciones, recoger toda clase de documentos e imponerse de los autos a los CC. Pasantes en derecho *************** ************ **************** con el debido respeto comparezco para exponer:

Que en términos del presente escrito venimos a solicitar la disolución del vínculo matrimonial que al día de hoy nos une, a través del procedimiento descrito en el artículo 267 del Código Civil para el Distrito Federal.

En acatamiento a lo dispuesto por el artículo 1033 del mencionado cuerpo normativo, y toda vez que el procedimiento que nos ocupa es de naturaleza oral en términos de lo señalado por el artículo 1019 segundo párrafo de la misma norma, a continuación señalamos:

I. El Tribunal ante el que se promueve

Ha quedado señalado en el proemio del presente escrito como C. Juez Oral en Materia Familiar de la Ciudad de México

II. Nombre, apellidos, el domicilio para oír y recibir notificaciones dentro de esta jurisdicción o, en su caso, la dirección electrónica para efectos procesales.

Han quedado señalados en el proemio del presente escrito.

III. Nombre y apellidos de la parte demandada y su domicilio.

NO APLICA EN TANTO QUE AMBAS PARTES PROMOVEMOS COMO DIVORCIO POR MUTUO CONSENTIMIENTO.

IV. Las pretensiones reclamadas.

2. El divorcio y como consecuencia la disolución del vínculo matrimonial que hoy en día nos une.

V. Los hechos en que funde su pretensión, narrándolos de manera breve y concisa; acompañando los documentos base de la acción

HECHOS

1. SEGÚN LO ACREDITAMOS CON COPIA CERTIFICADA DEL ACTA DE MATRIMONIO DE FECHA **************, CONTRAJIMOS MATRIMONIO, EN ESTA CIUDAD DE MEXICO DISTRITO FEDERAL.
2. EL EXPRESADO VÍNCULO MATRIMONIAL LO CONTRAJIMOS BAJO EL RÉGIMEN DE SEPARACIÓN DE BIENES, TAL Y COMO SE DESPRENDE DEL DOCUMENTO ANTES REFERIDO.
3. BAJO PROTESTA DE DECIR VERDAD, MANIFESTAMOS QUE DURANTE NUESTRO MATRIMONIO PROCREAMOS ** HIJO(S) DE NOMBRE(S) ************* COMO ACREDITAMOS CON LOS ATESTADOS DEL REGISTRO CIVIL QUE EN COPIA CERTIFICADA ACOMPAÑAMOS AL CUERPO DEL PRESENTE ESCRITO
4. ES EL CASO QUE AMBOS CONYUGES, ESTABLECIMOS COMO ÚLTIMO DOMICILIO CONYUGAL EL UBICADO EN ********************** *********** COMO ACREDITAMOS CON LOS DISTINTOS RECIBOS DE CORRESPONDENCIA QUE AGREGO AL CUERPO DEL PRESENTE INSTRUMENTO.
5. BAJO PROTESTA DE DECIR VERDAD MANIFESTAMOS QUE DURANTE NUESTRO MATRIMONIO NO SE **ADQUIRIERON BIENES.**
6. POR ASI CONVENIR A NUESTROS INTERESES PERSONALES CON FUNDAMENTO EN LO DISPUESTO POR EL ARTÍCULO 267 DEL CODIGO CIVIL PARA EL DISTRITO FEDERAL HEMOS DECIDIDO DAR POR TER-

MINADO EL VÍNCULO MATRIMONIAL QUE AÚN NOS UNE POR LO QUE EN ESTE ACTO SOLICITAMOS SE DECRETE LA DISOLUCION DE DICHO VÍNCULO.

7. EN EL PRESENTE OCURSO ANEXAMOS LA PROPUESTA DE CONVENIO DE DIVORCIO, EN CUMPLIMIENTO AL ARTÍCULO 267 DEL CODIGO CIVIL PARA EL DISTRITO FEDERAL SOLICITANDO ATENTAMENTE A USIA APROBAR EL MISMO EN SUS TÉRMINOS POR NO CONTENER CLÁUSULA CONTRARIA A LA MORAL O AL DERECHO.

PROPUESTA DE CONVENIO QUE PRESENTAN LOS SEÑORES ************** **Y** **************, **DE CONFORMIDAD CON LO ORDENADO POR EL ARTÍCULO 267 DEL CODIGO CIVIL PARA EL DISTRITO FEDERAL, PARA SU APROBACION, AL TENOR DE LAS SIGUIENTES:**

CLÁUSULAS

PRIMERA (ART. 267 FRACCIÓN I) GUARDA Y CUSTODIA. EN RELACION A LA GUARDIA Y CUSTODIA, DE NUESTRO(S) MENORES HIJO*************, LA MISMA QUEDARÁ A CARGO DE SU MADRE LA SEÑORA ************.

SEGUNDA: (ART. 267 FRACCIÓN II). VISITAS Y CONVIVENCIAS. LOS DIVORCIANTES ESTÁN DE ACUERDO EN QUE EL PADRE DE LOS MENORES ******************** PODRÁ CONVIVIR CON ELLOS DE FORMA ABIERTA E ILIMITADA CUANDO ASÍ LO CONSIDERE SIN MAS OBLIGACIÓN QUE LA DE AVISAR A LA MADRE CON POR LO MENOS DOS HORAS DE ANTICIPACIÓN, PUDIENDO LLEVAR AL MENOR DE VACCIONES SIN RESTRICCIÓN ALGUNA, PERNOCTAR CON ÉL, RECOGERLO EN LA ESCUELA Y TODO LO QUE SE CONSIDERE NECESARIO A FÍN DE CUMPLIR CON EL ESPÍRITU DE LO SEÑALADO EN LA PRESENTE CLÁUSULA.

TERCERA: (ART. 267 FRACCIÓN III) ALIMENTOS. POR LO QUE SE REFIERE A LOS ALIMENTOS CORRESPONDIENTES AL MENOR **************, LAS PARTES ACUERDAN EN ESTE ACTO QUE LOS MISMOS SERÁN PAGADOS POR EL CÓNYUGE DIVORCIAMTE QUIEN SE HARÁ CARGO DE LA ESCUELA DE LOS MENORES, ATENCIÓN MÉDICA Y HOSPITALARIA, VACACIONES DOS VECES AL AÑO Y UNA CANTIDAD FIJA NO MENOR A *****************

POR LO QUE SE REFIERE A LOS ALIMENTOS DE LAS PARTES, LOS SEÑORES **************** Y ******************* MANIFIESTAN QUE ACTUALMENTE CUENTAN CON RECURSOS SUFICIENTES PARA SU SUNSISTENCIA POR LO QUE NO REQUIEREN PAGO DE ALIMENTOS NINGUNO DE LOS DOS.

CUARTA: (ART. 267 FRACCIONES IV Y VBIENES). COMO SE DESPRENDE DEL ACTA DE MATRIMONIO QUE CORRE ANEXA AL PRESENTE ESCRITO, EL MATRIMONIO DE CUYA DISOLUCIÓN NOS ESTAMOS OCUPANDO EN EL PRESENTE ESCRITO SE CELEBRÓ BAJO EL RÉGIMEN DE SEPARACIÓN DE BIENES POR LO QUE NO EXISTEN BIENES QUE DEBAN DE SER ADMINISTRADOS O LIQUIDADOS.

QUINTA: (ART. 267 FRACCIÓN VI). COMPENSACIÓN. BAJO PROTESTA DE DECIR VERDAD MANIFESTAMOS QUE AMBOS CÓNYUGES TRABAJAMOS DURANTE EL PERIODO DE TIEMPO QUE EL MATRIMONIO DURÓ, POR LO QUE NINGUNO SE DEDICÓ PREPONDERANTEMENTE A LAS LABORES DEL HOGAR Y EN CONSECUENCIA NO EXISTE PARA NINGUNO DE LOS DOS DERECHO A COMPENSACIÓN ALGUNA.

SEXTA: DE LA INTERPRETACIÓN Y DE LA JURISDICCIÓN APLICABLE: PARA EFECTOS DE INTERPRETACIÓN Y CUMPLIMIENTO SUJETAMOS A SUS TÉRMINOS Y EN LO NO PACTADO EN FORMA EXPRESA A LO ESTIPULADO POR LAS DISPOSICIONES LEGALES APLICABLES EN EL DISTRITO FEDERAL, SIENDO LOS TRIBUNALES DE ESTA MISMA CIUDAD LOS COMPETENTES PARA RESOLVER CUALQUIER CONTROVERSIA QUE SE PUDIERA DERIVAR DEL MISMO POR LO QUE FORMULO EXPRESA RENUNCIA A CUALES QUIERA OTRA JURISDICCIÓN Y NORMATIVIDAD LEGAL QUE POR RAZÓN DE NUESTROS DOMICILIOS PRESENTES O FUTUROS PUDIERAN CORRESPONDERNOS. SIENDO ESTE CONVENIO EXPRESIÓN FIEL Y EXACTA DE NUESTRA VOLUNTAD, POR LO QUE NO SE ENCUENTRA AFECTADO DE NINGÚN VICIO QUE EN EL PRESENTE O EN EL FUTURO PUEDA INVALIDARLO, Y DE NO EXISTIR INCONVENIENTE LEGAL ALGUNO SOLICITO DE SU SEÑORÍA SE SIRVA DICTAR SU APROBACIÓN CORRESPONDIENTE.

VI. En su caso, los fundamentos de derecho

DERECHO

EN CUANTO AL FONDO, SON APLICABLES LOS ARTÍCULOS 266, 267, 271, 287 Y DEMAS RELATIVOS DEL CODIGO CIVIL PARA EL DISTRITO FEDERAL.

EL PROCEDIMIENTO SE RIGE POR LO DISPUESTOS EN LOS ARTÍCULOS 1033 Y SIGUIENTES Y DEMAS RELATIVOS DEL CODIGO DE PROCEDIEMIENTOS CIVILES PARA EL DISTRITO FEDERAL.

VII. El ofrecimiento de las pruebas, relacionándolas en forma pormenorizada con cada hecho.

PRUEBAS

1. DOCUMENTAL PÚBLICA. - Consistente en copia certificada del acta de matrimonio de fecha ******* expedida por la **** oficialía del Registro Civil de la Ciudad de *********
2. DOCUMENTAL PÚBLICA. - Consistente en copia certificada de las actas de nacimiento de mis menor(es) hijo (hija)(s)
3. DOCUMENTAL PRIVADA consistente en ___ recibos de _____, prueba que resulta idónea para acreditar la ubicación de nuestro último domicilio conyugal
4. INSTRUMENTALES DE ACTUACIONES, relacionando la anterior probanza en todo lo que beneficie a los suscritos, relacionando la misma con todos y cada uno de los hechos constitutivos de la demanda
5. PRESUNCIONAL EN SU DOBLE ASPECTO, relacionando la anterior probanza en todo lo que beneficie a los suscritos, relacionando la misma con todos y cada uno de los hechos constitutivos de la demanda

VIII. En los casos en que proceda, se acompañará el formulario autorizado por el Tribunal para acreditar la fuente, monto de los ingresos de las partes y su nivel socioeconómico.

SE ANEXA AL CUERPO DEL PRESENTE ESCRITO

IX. Acompañar una propuesta de convenio cuando así proceda.

SE ANEXA AL CUERPO DEL PRESENTE ESCRITO

X. La firma de la parte actora o su representante legal. Si éstos no supieren o no pudieren firmar, pondrán su huella digital, firmando otra persona en su nombre y a su ruego indicando estas circunstancias.

POR LO EXPUESTO,

A USTED C. JUEZ, ATENTAMENTE PEDIMOS SE SIRVA:

PRIMERO. TENERNOS POR PRESENTADOS, EN LOS TERMINOS DEL PRESENTE OCURSO, SOLICITANDO LA DISOLUCION DEL VINCULO MATRIMONIAL QUE NOS UNE, MEDIANTE EL PROCEDIEMIENTO DE DIVORCIO SIN CAUSA.

SEGUNDO. SEÑALAR DIA Y HORA PARA QUE TENGA VERIFICATIVO LA AUDIENCIA EN TÉRMINOS DE LEY.

TERCERO. DAR AL MINISTERIO PÚBLICO LA INTERVENCION QUE LEGALMENTE CORRESPONDE

CUARTO. EN SU OPORTUNIDAD PREVIOS LOS TRAMITES DE LEY, DECLARAR DISUELTO EL VINCULO MATRIMONIAL QUE NOS UNE, CON APROBACION DEL CONVENIO QUE SE ADJUNTA.

ATENTAMENTE

Ciudad de México a ***** de ******* de ***

Modelos de divorcio para el Estado de México

C. DIVORCIO UNILATERAL

CONYUGE DIVORCIANTE A
VS.
CÓNYUGE DIVORCIANTE B
DIVORCIO UNILATERAL
EXP.
SECRETARÍA

C. JUEZ DE LO FAMILIAR EN TURNO EN TLALNEPANTLA DE BAZ, CON RESIDENCIA EN ATIZAPÁN DE ZARAGOZA, ESTADO DE MÉXICO

*************, en mi carácter de actor o cónyuge divorciante, calidad que acredito en términos de la copia certificada del acta de matrimonio que acompaño al presente escrito marcada como ANEXO "A" señalando para oír y recibir toda clase de notificaciones el correo electrónico dado de alta ante el Poder Judicial del Estado de México al tramitar la firma judicial (FEJEM), **********@pjedomex.gob.mx, solicitando el ACCESO al mismo y para imponerse de los autos en mi nombre o representación, oír y recibir toda clase de notificaciones, valores y documentosa los licenciados en Derecho **************** con cédula ********, y registro del Tribunal Superior del Estado de México *******, *************** con cédula profesional ******* y únicamente para oír y recibir notificaciones, imponerse de los autos y recoger toda clase de documentos, incluidos valores, a los estudiantes de Derecho ********************; ante Usted, con el respeto que es debido, comparezco para exponer:,

Por medio del presente ocurso y en la vía de Divorcio incausado vengo a demandar del Señor*********************, quien tiene su domicilio para ser emplazada a juicio el ubicado en el número ***********************, por lo que atentamente solicito a USIA girar atento exhorto al Juez competente en materia familiar en el referido lugar a fin de que el demandado esté debidamente notificado y emplazado a Juicio. la Disolución del Vínculo Conyugal que nos une de conformidad con los siguientes hechos y preceptos de Derecho.

HECHOS

1.- Con fecha *********** de dos mil trece, mi representada contrajo matrimonio con el C. *************, ante el C. Juez Número **** del Registro Civil de*******, tal y como se demuestra con el acta de matrimonio que se anexa a la presente.

2.- El matrimonio contraído por las partes del presente juicio se celebró bajo el régimen de separación de bienes tal y como se desprende del acta de matrimonio que se acompaña a la presente.

3.- Bajo protesta de decir verdad manifiesto que durante el matrimonio relacionado en los numerales anteriores, las partes no procrearon descendencia.

4.- Bajo protesta de decir verdad, el tiempo que duró el matrimonio a que me he refrido en los numerales anteriores, partes establecieron su domicilio conyugal en *************, domicilio que en la actualidad se encuentra desocupado.

5.- Es así, que la relación se ha tornado insostenible por lo que me veo obligado a iniciar las presentes diligencias de divorcio incausado ante usted.

6.- Para dar cumplimiento a lo ordenado por el artículo 2.373 del Código de Procedimientos Civiles del Estado de México, anexo al presente escrito, la Propuesta de Convenio a que se refiere el numeral indicado que solicito se tenga como reproducido como si a la letra se insertase.

Por lo antes expuesto y fundado,

A USTED C. JUEZ solicito,

PRIMERO.- Tenerme por presentado en la vía y forma propuestas, por autorizadas a las personas que se mencionan y para los fines que se indican y por señalado domicilio para oír y recibir notificaciones.

SEGUNDO.- Con las copias de traslado que se anexan a la presente emplazar al presente juicio a la parte demandada para que manifieste lo que a su derecho corresponda.

TERCERO.- Señalar día y hora para que tengan verificativo las audiencias de ley.

CUARTO.- Una vez seguido el procedimiento en todas sus partes declarar la disolución del vínculo conyugal que une a las partes del presente procedimiento.

Protesto lo Necesario.

******************, Estado de México, a ****************

D. DIVORCIO POR MUTUO CONSENTIMIENTO

CÓNYUGE DIVORCIANTE A
Y CÓNYUGE DIVORCIANTE B
Juicio: Divorcio Voluntario
Expediente:
Secretaría:

C. JUEZ DE LO FAMILIAR EN TURNO
DEL DISTRITO JUDICIAL DE ________
ESTADO DE MEXICO.

(Hay distritos judiciales en donde solo hay un juzgado familiar, por lo que se omitirá la expresión *en turno* y se designará completamente. V.gr.C. JUEZ PRIMERO FAMILIAR DEL DISTRITO JUDICIAL DE CHALCO, ESTADO DE MÉXICO)

____________y_________ por nuestro propio derecho, señalando para oír y recibir toda clase de notificaciones el correo electrónico dado de alta ante el Poder Judicial del Estado de México al tramitar la firma judicial (FEJEM), ******@pjedomex.gob.mx, solicitando el ACCESO al mismo y para imponerse de los autos en mi nombre o representación, oír y recibir toda clase de notificaciones, valores y documentosa los licenciados en Derecho ***************** con cédula ********, y registro del Tribunal Superior del Estado de México *****, **************** con cédula profesional ******, y únicamente para oír y recibir notificaciones, imponerse de los autos y recoger toda clase de documentos, incluidos valores, a los estudiantes de Derecho ******************************** *********; ante Usted, con el respeto que es debido, comparezco para exponer:

Con fundamento en el artículo 2.275 del Código de Procedimientos Civiles del Estado de México, solicitamos la disolución del vínculo matrimonial que nos une, por lo que acompañamos a la presente el Convenio, acta de matrimonio y las actas de nacimientos de los menores _______ y ________, amos de apellidos___________.

Por lo que solicitamos se señale día y hora para que tenga verificativo la Audiencia de Avenencia a que se refiere el artículo 2.276 de procedimiento legal en cita, en su oportunidad se decrete la disolución del vínculo matrimonial que nos une y se apruebe el convenio presentado elevándolo a la categoría de cosa juzgada.

Por lo expuesto;

A USTED C. JUEZ, atentamente pedimos:

PRIMERO. Tenernos por presentados tramitando divorcio voluntario.

SEGUNDO. Tener por exhibido el Convenio, el acta de matrimonio, las actas de nacimientos de los menores _________ y __________, ambos de apellidos ____________.

TERCERO. Señalar día y hora para que tenga verificativo la Audiencia de Avenencia.

CUARTO. Señalar previos los trámites de ley, aprobar el convenio adjunto a la solicitud de divorcio voluntario y elevarlo a la categoría de cosa juzgada.

FORMATO DE CONVENIO DE DIVORCIO VOLUNTARIO

__________y________, divorciantes en los autos en que se actúa, en cumplimiento a lo ordenado por el artículo 2.275, del Código adjetivo, exhibimos convenio para disolver el vínculo matrimonial que nos une:

1. _______y_______, con fecha ______ contrajimos matrimonio bajo el régimen de (sociedad conyugal, separación de bienes), por lo que nuestro matrimonio tiene más de un año de haberse celebrado y en consecuencia procede el divorcio solicitado, en términos de lo dispuesto por el artículo 4.101 del Código Civil del Estado de México lo que acreditamos con el acta de matrimonio que se acompaña al presente convenio.
2. De nuestro matrimonio procreamos ____ hijos, de nombres _______ y ______, de apellidos __________ lo que acreditamos con las actas de nacimiento que se acompañan a este convenio.
3. Establecimos nuestro domicilio conyugal en ___________.

Dado que es nuestra voluntad disolver el vínculo matrimonial que nos une y en cumplimiento a lo ordenado por el artículo 4.102 del Código Civil señalamos los siguientes:

I. El domicilio que servirá de habitación a los cónyuges durante el procedimiento y después de ejecutoriado el mismo será: el de la señora __________ y los menores _______y_______ de apellidos _______, el ubicado en _________-.

   El del señor___________, el ubicado en _________.

II. La cantidad de ______ que por alimentos cubrirá el señor tanto a la divorciante como a los menores, misma que se entregará en (centro de trabajo, cuenta bancaria, otros) la que será cubierta cada quince días durante el procedimiento y después de ejecutoriado el mismo.

III. La forma de garantizar los alimentos será mediante (fianza, hipoteca, prenda, depósito, orden de pago al lugar de trabajo del deudor alimentario o cualquier otra forma de garantía que a juicio del juez sea bastante para ello). De conformidad con lo establecido por el artículo 2.282 del Código de Procedimientos Civiles del Estado de México.

IV. La persona que tendrá la guarda y custodia de nuestros menores hijos, será su señora madre ______, durante el procedimiento y después de ejecutoriado el mismo.

V. El régimen de visitas y convivencias del Suscrito ______, se ejercerá de la siguiente manera: los fines de semana de cada quince días los menores de nombres ______ de apellidos ________, convivirán con su padre, por lo que el progenitor pasará los viernes a las 5 de la tarde y los devolverá el domingo a las 6 de la tarde.

A) Los períodos vacaciones serán alternados para ambos progenitores, pasando el primero de ellos con su señora madre y el del año siguiente con su señor padre, la primera Navidad a partir del presente convenio permanecerán con su señora madre y el año nuevo con su señor padre alternando fechas a partir de este año.

B) los cumpleaños de los menores igualmente serán alternados, el primero que se presente a partir del presente convenio lo pasarán con su señora madre, el subsecuente con su señor padre y así sucesivamente.

IV. En virtud de que no adquirimos bienes durante la sociedad conyugal, no es necesario designar quien la administrará ni la liquidará la misma, o en su caso si se adquirieron bienes.

La administración de la Sociedad Conyugal quedará a cargo del o la señora (a) _________ y la manera en que se liquidará la sociedad conyugal será al 50% (cincuenta por ciento) sobre todos bienes adquiridos durante el matrimonio, los que se relacionarán y precisarán en ejecución de sentencia.

Toda vez que en el presente convenio no existe dolo, error o mala fe, solicitamos que el mismo sea aprobado elevado a la categoría de cosa juzgada por su Señoría, ello con fundamento por lo dispuesto en el artículo 2.278 del Código de Procedimientos Civiles del Estado de México.

IX. Conclusiones

Cada vez es más sencillo dar por terminada una relación matrimonial legítimamente constituida. Me parece un nuevo efecto de la llamada ley del péndulo que gravita desde la prohibición absoluta hasta casí la obligatoriedad de la conducta otrora no permitida.

Así con el matrimonio. Las normatividades previas pretendían la conservación de la institución matrimonial, impidiendo que la misma fuera deshecha por un acto caprichoso de alguna de las partes.

Con el tiempo ésta estabilidad fue fracturándose hasta que basta que uno solo de los cónyuges determine la terminación de la relación sin que el otro, o la sociedad o el derecho puedan hacer ya anda por evitarlo.

Ya ni siquiera la sujeción a la temporalidad que se justificaba en el hecho de dar una oportunidad a la relación, existe hoy por un criterio jurisprudencial novedoso que he tratado en el capítulo correspondiente,

Eso convierte en mi opinión al matrimonio en un simple noviazgo formalziado. Un simple trámite para formarlo y otro trámite para darlo por terminado.

En la Ciudad de México, el jefe de gobierno ha impulsado una serie de procesos administrativos tendientes a educar a la población para evitar la incidencia de divorcios que ha ido al alza desde la reforma a la ley. Es abrumadora.

Y está bien, uno no debe de quedar atado a quien no quiere. Sin embargo, me parece que la razón de la reforma, desde la causa del legislador, no debe de descanzar en la autonomía de la voluntad. Es absurdo en razón de la cualidad del derecho de familia de pertenecer al orden público aún sinedo parte del Derecho Privado.

Falta ahora una forma de arreglar, tamién de forma sumaria los problemas que quedan vivos, aún después de la dispolución del matrimonio.

X. Fuentes bibliográficas

1. Aguilar Mondragón Alberto, "Análisis jurídico de la ley de sociedades de convivencia para el Distrito Federal", en Patiño Manffer Ruperto y Ríos Ruiz Alma de los Ángeles (coord.), *Derecho familiar, temas de actualidad*, México, Facultad de Derecho UNAM y Ed. Porrúa, 2011.
2. Andrade, Manuel, *Nuevo código civil para el Distrito y Territorios Federales, en Materia Común, y para toda la República en Materia Federal y leyes complementarias*, México, Herrero hermanos suc., 1929, pág. 23
3. Arce y Cervantes José, *De las sucesiones* 6ª ed. México, Porrúa, 2001.
4. Arriola Juan Federico (coordinador.), *Constitución política mexicana en su centenario*, México, Trillas, 2017.
5. Arriaga González Mónica Guadalupe, *El divorcio incausado en México*, México, Editorial Flores, 2015.
6. Asprón Pelayo Juan Manuel *Sucesiones 3ª ed. México, McGraw Hill, 2008.*
7. Batiza, Rodolfo, *Las fuentes del código civil de 1928,* México, Porrúa.
8. Bentham, Jeremías; *Tratado de legislación civil y penal,* Buenos Aires, Valleta, 2005.
9. Bonnecase, Julien, *Tratado elemental de derecho civil*, México, Harla, 1993.
10. Borja Soriano Manuel, *Teoría general de las obligaciones* 13ª ed. México Porrúa 1994.
11. Carbonell Miguel, CONSTITUCIÓN POLÍTICA DE LOS ESTADOS UNIDOS MEXICANOS, México, Porrúa, 2013.
12. Cárdenas, Jaime *et al, Para entender la Constitución Política de los Estados Unidos Mexicanos* México, Nostra Ediciones, 2007.
13. Casar, María Amparo, "El Presidencialismo" en Loaeza, Soledad, (coord.) *Gran Historia de México Ilustrada.* Tomo IX. *El siglo XX mexicano*, México, Planeta de Agostini y CONACULTA-INAH.
14. Castrillón y Luna Víctor M., *Obligaciones civiles y mercantiles*, México, Porrúa, 2009.
15. Chávez Asencio Manuel F. *La familia en el derecho*, México, Editorial Porrúa, 2007.
16. Contreras López Raquel Sandra, *Derecho civil,* México, Porrúa, 2016.
17. Cornejo Certucha Francisco M. *et al.* Voz: "Acto Jurídico", *Enciclopedia Jurídica Mexicana* 3ª. ed. México, Porrúa UNAM, Instituto de Investigaciones Jurídicas, 2012.
18. Cruz Barney Oscar y Pérez Cuellar Martínez Alfonso. (compilador.), *Colección jurídica básica, legislación del Distrito Federal*, t. III: *Código Civil para el Distrito Federal*, México D.F. (Hoy Ciudad de México), Tirant lo blanch, 2014.
19. De la Cueva, Mario, Teoría de la Constitución, Porrúa, México 1982.
20. De la Mata Pizaña Felipe y Garzón Jiménez Roberto, Bienes y derechos reales, 2ª. ed., México, Porrúa, 2007.

21. De la Mata Pizaña Felipe y Garzón Jiménez Roberto; Sociedades de convivencia; 2ª ed. México, Porrúa-Universidad Panamericana; 2015.
22. Domínguez Martínez Jorge Alfredo, Derecho civil obligaciones; México, Porrúa, 2018; pp 221-225.
23. *Diccionario jurídico mexicano*, 14a. ed., México, Porrúa-UNAM, Instituto de Investigaciones Jurídicas, 2000, t. III, págs. 2279-2281.
24. Estrada Sámano Rafael, "Comentario al artículo 124 de la Constitución Política de los Estados Unidos Mexicanos", en Arriola Juan Federico (coordinador.), Constitución política mexicana en su centenario, México, Trillas, 2017, págs. 829-831.
25. Flores Carrillo
26. Fernández Fernández Vicente, "Divorcio por voluntad unilateral: Estudio comparado en México y Latinoamérica", en Rabasa Gamboa, Emilio (coordinador.), *Nuevas figuras jurídicas en el derecho mexicano*, México, Porrúa, 2011.
27. Galindo Garfias Ignacio, Derecho Civil, 22ª ed. México, Porrúa, 2003
28. Garzón, Roberto y De la Mata Felipe, *Derecho de familia,* 4ª ed. México, Porrúa, 2008.
29. Gutiérrez y González
30. Hervada, Javier, *Historia de la ciencia del derecho natural*, 2a. ed., Pamplona, Ediciones Universidad de Navarra SA, 1991.
31. Liceaga Galván Miguel Ángel, El derecho positivo como interpretación extensión y desglose del derecho natural. Caso del código civil para el Distrito Federal. Tesis que para obtener el grado de doctor en derecho presenta, Universidad Marista, con reconocimiento de validez oficial 2006379 de 3 de julio de 2006, México.
32. Liceaga Galván Miguel Ángel, Hacia una nueva y mejor construcción de la teoría de las nulidades del acto jurídico en el código civil para el Distrito federal, Tesis que para optar por el grado de Doctor en Derecho presenta: Universidad Panamericana, México, 2022.
33. Martínez Alfaro Joaquín, Teoría de las obligaciones, 12ª ed. México, Porrúa, 2012.
34. Morales-Paulín, Carlos A., *Transición, alternancia y reforma del Estado*, México, Porrúa.
35. Mondragón Pedrero Alberto Fabián, Código de comercio, México, Porrúa, 2020, pág. 122.
36. Morales-Paulín Carlos A. Transición, alternancia y reforma del Estado México, Porrúa, 2007.
37. Peña Oviedo Victor Obligaciones civiles, México, Editorial Flores, 2017, pág. 392.
38. Rico Álvarez, Fausto *et al, Derecho de familia*, 2a. ed., México, Porrúa, 2012.
39. Rico Álvarez Fausto y Patricio Garza Bandala, *Teoría General de las Obligaciones* 3ª. ed. México, Porrúa, 2007.
40. Sánchez Medal Ramón, De los contratos civiles, 13ª. ed. act., México, Porrúa, 1994.
41. Tena Ramírez

Fuentes Legales

1. *Código civil para el Distrito y Territorios Federales, en Materia Común, y para toda la República en Materia Federal de 1928*, México, sin editorial.
2. Reglamento del Registro Civil del Distrito Federal en *Código Civil para el Distrito Federal.* 40ª ed. México, Sista, 2012.
3. *Code civil,* Paris, Groupe Lexis Nexis, 2003.
4. *Codice civile,* Napoli, Gruppo Editoriale Esselibri-Simone, 2002.
5. *Código Civil Para el Distrito Federal* Porrúa, 64 Edición, México 1995.
6. *Código Civil para el Distrito Federal, op. cit.*, nota 238.
7. *Código Civil para el Distrito Federal, op. cit.*, nota 238.
8. Código Civil para el Distrito y Territorios Federales en Materia Común y para toda la República en materia Federal, México, Talleres gráficos de la Nación, 1928.
9. *Código civil para el Distrito y Territorios Federales, en Materia Común, y para toda la República en Materia Federal*, México, sin editorial, 1928, pág. 16
10. Código Civil para el Estado Libre y Soberano de Tabasco *https://armonizacion. cndh.org.mx/Content/Files/LGBTTTI/CodCivilFam/27Codigo_CE_Tab.pdf*
11. *Código Civil*, 25ª ed. Madrid, Civitas, 2002, pág. 413.
12. *Código de procedimientos Civiles para el Distrito Federal y federal de procedimeintos civiles,* México, Tribunal Superior de justicia de la Ciudad de México, 2016.
13. Consejería Jurídica y Servicios Legales del Distrito Federal. *Gaceta Oficial del Distrito Federal No. 88, 25 de mayo de 2000. Decreto por el que se adicionan reforman y derogan diversas disposiciones del Código Civil para el Distrito Federal en materia común y para toda la República en materia federal.*
14. *Legislación civil para el Estado de México,* 130ª ed. México, Sista, 2021, pág. 119.
15. Ley de sociedad de convivencia para el Distrito Federal *http://www.aldf.gob. mx/archivo-05b2bbe0d8e3f376fa1f335467aef70c.pdf.*
16. Reglamento del Registro Civil del Distrito Federal en *Código Civil para el Distrito Federal*